Chuck Spezzano:
Wie Sie herausfinden, wann Ihre Beziehung wirklich zu Ende ist
und was Sie tun können, um sie zu retten

Chuck Spezzano

Wie Sie herausfinden, wann Ihre Beziehung wirklich zu Ende ist und was Sie tun können, um sie zu retten

Taschenbuch

Übersetzung aus dem Amerikanischen: Ulrike Kraemer
Englischer Originaltitel:
**How to Know When Your Relationship Is Over
and How to Change It When It's Not!**
Copyright © 2008 by Chuck Spezzano

---

1. Auflage 2008
Verlag Via Nova, Alte Landstr. 12, 36100 Petersberg
Telefon: (06 61) 6 29 73
Fax: (06 61) 96 79 560
E-Mail: info@verlag-vianova.de
Internet: www.verlag-vianova.de
Umschlaggestaltung: Stefan Hilden Produkt- & Grafik Design, München
Satz: Sebastian Carl
Druck und Verarbeitung: Fuldaer Verlagsanstalt, 36037 Fulda

© Alle Rechte vorbehalten.

ISBN 978-3-86616-108-5

Einer Modellfamilie gewidmet:

Evie, Tony, Hollie, Robert, Lizzie, Kai und Charlie.

Beste Freunde und engste 'ohana.

Danksagungen

Ich möchte meinem Büroteam danken – Charlie and Shawna.
Ich möchte auch Sunny danken, meiner Schreibkraft, und Eric Taylor, meinem Herausgeber, der dazu beigetragen hat, dieses Buch lesbarer zu machen.
Ich möchte meiner Frau Lency dafür danken, dass sie gemeinsam mit mir lernt, und unseren Kindern, Christopher and J'aime.
Ich möchte Werner Vogel, meinem deutschen Herausgeber im Verlag Via Nova, von Herzen danken. Er ist vom Himmel geschickt.
Ich möchte außerdem **Ein Kurs in Wundern** für die große Bedeutung danken, die er nach wie vor für mein Leben hat.

Beziehungen – Anfang und Ende

Beziehungen sind der Schlüssel zum Erfolg im Leben. Erfolgreiche Beziehungen sprechen für Erfolg in allen Bereichen unseres Lebens und ganz besonders im Bereich des Glücklichseins. Als ich während meiner Arbeit mit der Hypnotherapie und später mit schnelleren und einfacheren Methoden die Tiefen des verborgenen Bewusstseins auslotete, fand ich heraus, dass unsere Beziehungen nicht nur für unseren Erfolg von ganz zentraler Bedeutung sind, sondern auch bei all unseren Problemen eine zentrale Rolle spielen. Unsere Beziehungen zu anderen Menschen, zu uns selbst und zu Gott gehen alle aus demselben Muster hervor. Alles ist miteinander verbunden. Es wäre für unser ganzes Leben deshalb sehr hilfreich, wenn wir lernen könnten, in Beziehungen erfolgreich zu sein. Anfang und Ende in und außerhalb deiner wichtigsten Beziehung stellen entscheidende Beziehungslektionen dar. Wenn wir sie gut meistern, bringen sie uns zum nächsten Stadium voran. Wenn wir sie schlecht meistern, können sie uns eine lebenslange Narbe zufügen, die jede Beziehung danach beeinträchtigt. Dieses Buch bietet eine Fülle an Lektionen, die ich im Laufe der fast vier Jahrzehnte gelernt habe, in denen ich Menschen bei ihren Beziehungen und Problemen geholfen habe. Möge es ein Segen für dich, dein Leben und deine Beziehungen sein.

Chuck Spezzano
August 2008, Hawaii

Inhalt

**Teil 1: Wie du herausfindest,
wann deine Beziehung zu Ende ist** 13
Kriterien für deine Antwort 14
Was für dich möglich ist 15
Wann ist deine Beziehung zu Ende? 17
Wenn die Dinge hässlich werden 23
Annehmen 25
Um ein Zeichen bitten 28
Beziehungen transformieren 30
Der Sinn von Beziehungen 31
Beziehungsfallen 31
   Das Ego 32
   Egobedürfnisse oder Geben 33
   Sex als Beispiel 34
Gaben 36
Toxische Beziehungen – die große Frage 38
Wenn dein Partner dich missbraucht 39
Drei entscheidende Situationen 42
   Die erste Situation – Der Schatten 43
      Schatten heilen 44
         Integration 45
         Initiation 46
         Vergebung 47

   Die zweite Situation – Machtkampf heilen 50
      Eine Lichtbrücke bauen 51
      Gleichgewicht durch Gleichheit 52
      Der Positiv-Negativ-Schritt 54
   Die dritte Situation – Die tote Zone heilen 55
      Aufopferung 56
      Aufopferung und Rollen 57
      Der Schritt der ödipalen Verschwörung 59
      Der Schritt von Fels und Sumpf 60
      Der Schritt der Konkurrenz 60
      Angst vor dem nächsten Schritt 61
Elend 63
   Drei Übungen, um Elend zu heilen 65
      Zentrierung 65
      Trennung heilen 68
      Den Wutanfall heilen 70
Die Methode, die dir die Antwort bringt 71

Teil 2: Wie du eine Beziehung verändern kannst, wenn sie nicht zu Ende ist 77
Die Beziehung verändern 77
Geistige Hilfe 79
Aufgaben in der Beziehung 80
Prinzipien der Heilung 81
   Es ist deine Wahl 81
   Sei dir bewusst, was du tust 83
   Keine Geschichten vom „guten Jungen"
   und „bösen Jungen" 84
   Fass dir an die eigene Nase 85
   Konkurrenz heilen 86
   Verbundenheit wiederherstellen 87

Der schlimmste Partner, den es gibt 89
Fühle deine Gefühle 90
Loslassen 93
   Formen des Loslassens 97
      Das Bedürfnis spüren 97
      Vergebung als eine Form des Loslassens 98
      Es in Gottes Hände legen 98
   Es als der unabhängige Partner besser machen 99
   Loslassen, um die Gegenwart zu befreien 101
   Unterziehe deine Geschichten einer Prüfung 103
   Eine andere Möglichkeit,
   dunkle Geschichten zu entdecken 115
   Der Schlüssel zu deiner Freiheit 115
      Übung der Geburt 118
Wenn deine Beziehung zu einer Verschwörung
geworden ist 120
Die Wurzel deiner Beziehungsverschwörung 122
Gott oder Ego 123
Was Verschwörungen verbergen 124
Wenn dein Partner zu deinem Schatten geworden ist 126
   Kindheitsmuster 128
   Selbstbestrafung 129
   Selbstkonzepte 130
   Heilung auf Ahnenebene 131
   Andere Leben 133
   Dein Partner als dein Spiegel 135
      Teil A - Selbstkonzepte 135
      Teil B – Konzepte aus vergangenen Leben 136
   Die Beziehung zentrieren 137
Eine Abkürzung zur Partnerschaft 139
Das Weibliche von ganzem Herzen annehmen 141

Stufen und Stadien 143
Eine schnelle Methode, das Weibliche zu heilen 147
Schritte zum Weiblichen 148
   Abhängigkeit – Das Stadium der Bedürfnisse 149
   Abhängigkeit – Das Stadium des Herzensbruchs 151
   Abhängigkeit – Das Stadium von Schuld
   und Aufopferung 154
   Unabhängigkeit – Das Stadium von Erwartungen
   und Festhalten 156
   Unabhängigkeit – Das Stadium der Kontrolle 158
   Unabhängigkeit – Das Stadium der toten Zone 160
Das Ende ist zugleich der Anfang 163

Teil 1

Wie du herausfindest, wann deine Beziehung zu Ende ist

„Wie weiß ich, wann meine Beziehung zu Ende ist?" Das ist die Frage, die mir bei Vorträgen und in Workshops – ob in Asien, Nordamerika und Europa – am häufigsten gestellt wird. Sie ist nicht leicht zu beantworten, wenn man bedenkt, wie verschieden Menschen und wie vielfältig Beziehungen sind. Dennoch gibt es bestimmte Prinzipien, die, wenn man sie befolgt, allen Beteiligten eine todsichere und befriedigende Antwort geben können, und zwar deshalb, weil sie auf Wahrheit beruhen. Fürchte dich nicht vor der Wahrheit, denn sie wird dich befreien, damit du im Leben vorankommen kannst, und zwar unabhängig davon, wie die Antwort im Hinblick auf deine Beziehung lautet. Die Wahrheit ist dazu auch dann fähig, wenn du selbst vor dem Dilemma stehst, dass du beispielsweise deine Frau, aber nicht deine Kinder verlassen willst, dass du nicht weißt, ob du deinen Mann oder lieber deinen Freund behalten sollst, oder dass du nicht weißt, ob du dich für deinen Partner oder für deine Arbeit entscheiden sollst.

Kriterien für deine Antwort

Du hast deine Entscheidung bereits getroffen, ob es dir bewusst ist oder nicht, aber du fürchtest dich vor der Antwort. Dieses Buch soll dir dabei helfen, deine Angst zu überwinden, und dich auf den Weg zum Glücklichsein zurückbringen. Es ist immer gut, dich von dem Gedanken zu lösen, dass du die Wahrheit bereits kennst. Wenn du meinst, die Wahrheit zu kennen, bist du nicht offen dafür, etwas zu lernen. Die Wahrheit besitzt einige wesentliche Eigenschaften. Wenn etwas die absolute Wahrheit ist, dann wird jede der folgenden Fragen mit Ja beantwortet:

1. Fühle ich mich frei?
2. Fühle ich mich von der Antwort ermächtigt?
3. Bin ich wieder „im Fluss"?
4. Spüre ich innere Harmonie?
5. Gewinnen alle Beteiligten?

Freiheit und Wahrheit gehen Hand in Hand. Ich rede hier nicht von der Freiheit, vor etwas davonzulaufen. Das ist möglicherweise nur dissoziierte Unabhängigkeit, die zwar ein halber Schritt voran, aber dennoch eine Falle ist – kurzfristig eine Antwort, aber langfristig eine Verzögerung. Was du wirklich brauchst, ist die Freiheit, die dich ermächtigt, wahrer gegenüber dir selbst – und damit auch allen anderen Menschen – zu sein. Es ist die Wahrheit jenseits von Dilemma und unwahren

Loyalitäten. Es ist die Wahrheit, die dich befreit, indem sie dir die Wurzeln größerer Verbundenheit schenkt. Wahrheit geht immer darüber hinaus, deine Beziehung als Falle zu benutzen, und sie beginnt damit, dass du wahr gegenüber dir selbst bist.

> „… vor allem, sei redlich gegen dich selbst,
> denn daraus folgt so notwendig wie die Nacht dem Tage,
> dass du es auch gegen jedermann sein wirst."
>
> SHAKESPEARE

Was für dich möglich ist

Du hast die Gelegenheit, jetzt sofort einen ganzen Schritt voranzugehen, in die wechselseitige Abhängigkeit hinein, und zwar ungeachtet dessen, ob deine Antwort lautet, dass du in deiner Beziehung bleiben oder sie verlassen sollst. So bleiben keine unerledigten Dinge offen, und du kannst einen Neuanfang erfahren. Du nimmst weder Schuld noch schlechte Gefühle mit, die sich später nur in Selbstbestrafung verwandeln würden. Du kannst die Lektion in deiner jetzigen Situation so vollkommen lernen, dass sie in deinem späteren Leben nicht zu einer Prüfung für dich wird. Dann gelangen alle Beteiligten in der Beziehung auf eine neue Stufe – die Kinder, die du möglicherweise hast, eingeschlossen. Alle werden ebenso wie du das Gefühl haben, dass dein Schritt wahr ist.

Die Menschen in deiner Umgebung leben dein tieferes Bewusstsein aus und spiegeln es wider. Wenn du diese Wahrheit *voll und ganz* erlangst, dann werden auch sie es tun.

Es ist wichtig, dass du erkennst, dass *du* entscheidest, ob die Beziehung weiter bestehen soll. Dies ist eine sehr persönliche Frage, und letztlich bist du verantwortlich. Du hast jetzt die Chance, deine Beziehung auf eine neue Stufe zu bringen, sollte dies die Wahrheit sein, oder sie auf eine von Gnade erfüllte Weise zu beenden, sollte *das* der Wahrheit entsprechen. Wenn du dich dem Prinzip und der Methode, die ich dir zeigen will, wahrhaftig und vollkommen hingibst, dann werden sie dir eine Antwort geben, die dich befriedigen wird, weil es eine inspirierte Antwort sein wird. Sie weist den Weg, der für alle Beteiligten die beste und wahrste Antwort ist.

Die Entscheidung, die du an diesem Kreuzweg in deinem Leben triffst, kann eine bestimmende Wirkung auf den Rest deines Lebens haben. Entscheide dich klug, und du erzeugst einen Fluss, der dir Gnade und Gaben bringen wird. Entscheidest du dich dagegen für dein Ego, das Prinzip der Trennung, dann zögerst du dein Glück hinaus oder fügst dir selbst Schmerz zu, weil du falsch investierst. Die höchste Entscheidung ist es, den Himmel für dich entscheiden zu lassen, weil der Himmel – und nicht dein Ego – sich deinem Glücklichsein verschrieben hat. Dein Ego ist darauf aus, nur sich selbst zu ernähren und am Leben zu erhalten. Es fordert Aufmerksamkeit und Pflege, fürchtet sich jedoch vor Liebe und Nähe. Dein Ego hält andere Menschen als Geiseln deines Etwas-Besonderes-sein-Wollens. Es verlangt von anderen Menschen, Opfer zu bringen, um deine Bedürfnisse zu nähren. Auf erfolgreiche Beziehungen hat dies eine zerstörerische Wirkung.

Handle verantwortungsvoll. Das soll heißen, gehe auf dich selbst, deinen Partner und deine Kinder ein.[1] Alles, was du deinem Partner in Form von Angriff zufügst, prallt von ihm ab und trifft deine Kinder. Alles, was du einem von ihnen antust, das tust du dir selbst an. **Wolle die Wahrheit von ganzem Herzen.** Die Wahrheit wird entweder zu einem Neubeginn in deiner Beziehung führen und dir ein neues Gefühl der Leichtigkeit und Freiheit schenken, oder sie wird dir helfen, die Beziehung zu deinem Partner auf eine versöhnliche Weise zu beenden.

Wann ist deine Beziehung zu Ende?

Kreuze eine der folgenden möglichen Antworten auf diese Frage an:

A. Nie.
B. Wenn du sagst, dass sie zu Ende ist.
C. Wenn du diese Frage stellst, bist du mit einem Fuß schon zur Tür heraus.
D. Alle oben genannten Antwortmöglichkeiten.

Es gibt keine richtige Antwort auf diese Frage. Wenn du glaubst, dass es eine richtige Antwort gibt, dann musst du auch

---
[1] Anm. d. Übersetzerin: Der Autor spielt hier auf die Ähnlichkeit der englischen Begriffe „responsible" (verantwortlich / verantwortungsvoll) und „responsive" (auf andere Menschen eingehen) an.

glauben, dass es falsche Antworten gibt, und das wäre eine Investition in Schuld. Wenn du dich für die „richtige" Antwort entscheiden, dich dann aber schuldig fühlen würdest, hättest du dir, salopp gesagt, ins eigene Knie geschossen. Den größten Wahrheitsgehalt hat Antwort D: alle Antwortmöglichkeiten. Wir wollen diese Möglichkeiten ein wenig näher betrachten.

A. Nie. Diese Antwort ist richtig, weil dein jetziger Partner, auch wenn du ihn nie wiedersehen solltest, stets ein Teil deines „Teams" sein wird. Ihr alle – du, dein Partner und eure Kinder – seid auf tieferen Ebenen eures Bewusstseins untrennbar miteinander verbunden. Wenn du Liebe in der Beziehung gegeben hast, dann geht diese Liebe nie verloren, sondern wird dir, deinem Partner und euren Kindern trotz aller Aufregung, die in die Beziehung hineinkommt, weiterhin helfen.

Sei dir bewusst, dass du, wenn du einen echten Schritt vorangehst, damit deinem Partner (oder womöglich zukünftigen Ex-Partner) und deinen Kindern hilfst. Wenn du erkennst, dass diese Art von „Teamwork" auf einer tieferen Ebene stattfindet, dann bist du weniger anfällig dafür, dich in Machtkämpfe zu verstricken. Auf einer unbewussten Ebene oder Seelenebene steht dein Partner für deine eigenen Selbstkonzepte, mit denen du dich nicht als du selbst identifizierst. Das heißt mit anderen Worten, dass er ein Aspekt deiner Seele ist. Außerdem spiegeln alle äußeren Konflikte oder Leblosigkeit in eurer Beziehung innere Konflikte oder Trägheit sowohl in dir als auch in deinem Partner wider. Wenn du etwas in dir selbst veränderst, dann kann das eine aufschlussreiche Wirkung nicht nur auf deine Beziehung zu deinem Partner, sondern auch auf deine Beziehung zu dir selbst haben.

B. Wenn du sagst, dass sie zu Ende ist. Auch das ist richtig, denn die Beziehung braucht dein Engagement, wenn sie sich entwickeln soll. Du kannst dich nicht einfach dahinschleppen. Deine Beziehung – und das gilt für jede Beziehung – funktioniert nur deshalb, weil du dich für sie einsetzt. Wenn du dich nicht für sie einsetzt, dann hat sie für dich weder Bedeutung noch Wert. Der Wert und die Bedeutung deiner Beziehung sind der Wert und die Bedeutung, die du ihr gibst und die du, wenn du es zulässt, vom Himmel dafür empfängst.

Manchmal musst du erst durch die gegenwärtigen Probleme und Streitigkeiten in deiner Beziehung hindurchgelangen, um klar zu sehen, in welche Richtung du gehen sollst. Probleme und Streitigkeiten führen stets dazu, dass dein Partner an Attraktivität verliert. Es kann hilfreich sein, dir die Beziehung ohne den Druck und die Leblosigkeit vorzustellen, denen sie jetzt ausgesetzt ist, um zu sehen, ob sie noch immer wahr für dich ist. Im Grunde fürchtet dein Ego sich vor Erfolg und Nähe, denn je mehr echten Erfolg und echte Nähe es gibt, umso schwächer wird das Ego und umso stärker sind die Wahrheit und die Fähigkeit, Partner zu sein. Das Ego hat viele Möglichkeiten, eine Beziehung zu zerstören, und es benutzt alles, was ihm zur Verfügung steht, weil eine wahrhaft gelebte Beziehung dein Ego auflöst und dir stattdessen Liebe, Ganzheit und Glücklichsein gibt.

Während meiner Arbeit als Eheberater kamen viele Paare zu mir, die sagten, sie seien die Beziehung zu ihrem jeweiligen Partner aus dem falschen Grund eingegangen. Ich sollte ihnen quasi meine Erlaubnis und Zustimmung zur Scheidung geben, obwohl sie beides natürlich nicht brauchten. Ich musste ihnen jedoch sagen, dass alle Paare ihre Beziehung aus dem falschen Grund eingehen und dass für sie die Zeit gekommen war, sich zu entscheiden, ob sie aus dem richtigen Grund zusammenbleiben wollten oder gar nicht.

Viele Paare trennen sich unnötigerweise, während andere Paare bis zum bitteren Ende und lange über jedes gesunde Maß hinaus durchhalten. Nicht jede Beziehung ist dazu gedacht, ein Leben lang zu halten, aber manche Beziehungen, die eigentlich ein Leben lang halten sollten, werden abgebrochen, weil das Paar nicht weiß, wie es sie verändern oder verbessern kann. Sei aber nicht verzweifelt, wenn du eine Beziehung abgebrochen hast, die eigentlich ein Leben lang halten sollte, denn das Leben ist nicht knauserig. Wenn du deine Angst heilst und überwindest, dann wird deine Bereitschaft dir eine neue Chance geben. *Ein Kurs in Wundern* sagt dazu: „Die Liebe wartet auf eine Einladung, nicht auf die Zeit."

C. Wenn du fragst, wann du eine Beziehung aufgeben sollst, dann bist du schon halb zur Tür heraus. Fast alle Menschen, die an dem Punkt ankommen, an dem sie die Tür ihrer Beziehung schon halb hinter sich zugezogen haben, sind einfach in hohem Maße unzufrieden, weil ihre Beziehung nicht funktioniert. Die Frage wird für sie also zum Zwischenstopp auf dem Weg zu ihrer Endstation, die darin besteht, die Beziehung zu beenden. Dabei spielt es keine Rolle, ob die gegenwärtigen Probleme eine Lektion sein sollten, die es in der Beziehung zu lernen galt, oder ob sie das Ende der Beziehung bedeuten sollten. Bei meiner Erforschung des Zweifels habe ich herausgefunden, dass das Ego ihn benutzt, um uns daran zu hindern, die Wahrheit zu suchen. Das heißt mit anderen Worten, dass wir, solange wir zweifeln, nicht offen dafür sind, die Wahrheit in einer Situation zu ergründen, denn unser Verstand ist so gefangen, dass er nicht auf die Wahrheit ausgerichtet ist. Zweifel ist eine der besten Strategien, die das Ego hat, um Partnerschaft und Erfolg zu verhindern. Aus diesem Grunde ist es wichtig, dass du herausfindest, ob der Zweifel, den du gerade spürst, nur eine Abwehrstrategie vor der nächsten Stufe des Erfolgs in deiner Beziehung oder aber der Beginn einer Botschaft ist, die dir mitteilt, dass es an der Zeit ist, weiterzuziehen.

Ein weiterer Aspekt, den es in Betracht zu ziehen gilt, ist die Frage, ob du deine Beziehung benutzt hast, um dich selbst zurückzuhalten. In Beziehungen, in denen du zulässt, dass jemand dich benutzt, benutzt du in Wahrheit diesen Menschen und die Beziehung, um dich zurückzuhalten, weil du dich davor fürchtest, weiterzugehen und dich in den Bereich echter Nähe vorzuwagen. Wenn du deinen Partner benutzt hast, um dich selbst zurückzuhalten, dann hast *du* unter dem Deckmantel, missbraucht zu werden, ihn und die Beziehung missbraucht. Das tust du dann, wenn deine Beziehung durch und durch unwahr ist, möglicherweise aber auch dann, wenn deine Beziehung zwar wahr ist, aber einer Veränderung bedarf. Im zweiten Fall benutzt du das Problem als deine Ausrede, nicht weiterzugehen. Deine Beziehung soll ein Mittel der Evolution sein. Das heißt, dass deine Beziehung, wenn du keine Angst vor Transformation hast, zu dem Mittel wird, das es dir ermöglicht, während deines ganzen Lebens auf relativ mühelose Weise immer weiter zu wachsen und auf immer neue Stufen von Erfolg und Liebe zu gelangen.

D. Alle oben genannten Antwortmöglichkeiten. Auf die Frage, wann es an der Zeit ist, eine Beziehung zu beenden, ist dies die Antwort mit dem größten Wahrheitsgehalt. Ich werde an späterer Stelle in diesem Buch ein Prinzip der Heilung vorstellen, das dir zeigt, wie du zu einem höheren Maß an wechselseitiger Abhängigkeit gelangen kannst, statt abhängiger oder unabhängiger zu werden oder dich aufzuopfern. Das wird dir in deinen Beziehungen sehr viel Zeit und viele Probleme ersparen. Ich werde einen Weg vorschlagen, mit dem du frei von jeglicher Schuld bleibst, ganz gleich, wie die Antwort auch ausfällt.

Dein Ego liebt Schuld, weil Angriff seine Grundlage ist, und Schuld bewirkt, dass du dich selbst oder andere Menschen oder dich selbst **und** andere Menschen angreifst. Wenn du dich in deiner jetzigen Beziehung wegen früherer Beziehungen oder wegen der Vergangenheit schuldig fühlst, dann hat das auf die Beziehung eine zerstörerische Wirkung. Schuld gehört zu den Dingen, die du an deine Kinder weitergibst, auch wenn du die feste Absicht hast, es nicht zu tun. Bei Paaren, die sich scheiden lassen, habe ich zum Beispiel herausgefunden, dass die Schuld des einen Partners der Schuld des anderen Partners und dem Maß entspricht, in dem sich die Kinder die Schuld an den Problemen der Familie geben.

Schuld arbeitet gegen die Liebe. Wenn du dich schuldig fühlst, bestrafst du dich selbst. Denke also daran, dass wir zwar alle Schuld empfinden, dass sie aber dennoch nicht die Wahrheit ist, sondern nur eine Abwehrstrategie, die das Ego benutzt, um sich selbst aufzubauen und am Leben zu erhalten. Schuld wirkt sich sehr zerstörerisch auf den Erfolg einer Beziehung aus, und sie erschafft Urteil und Kampf, Aufopferung und Leblosigkeit. Du kannst dich einfach dafür entscheiden, Schuld loszulassen, und dich der Wahrheit verpflichten. An ihrer Stelle erhältst du sowohl Verantwortung als auch die Fähigkeit, auf andere Menschen einzugehen. Schuld führt dazu, dass du für den süßen Erfolg des Verbundenseins nicht verfügbar bist. Schuld verhindert Kommunikation und verwandelt sie in Vorwürfe, Selbstbeschuldigung oder Rückzug. Sie hindert dich daran, die der Situation innewohnende Lektion zu lernen, während sie gleichzeitig den Fehler verstärkt.

Schuld lässt einen ganz eigenen Teufelskreis entstehen, der von Schuld zu Selbstbestrafung zu weiterer Schuld führt.

Wenn die Dinge hässlich werden

Wenn die Dinge in deiner Beziehung hässlich werden, dann kämpfst du für dein Ego. Alle Beteiligten verlieren, wenn es in einer Beziehung zum Krieg kommt, und die Narben werden dich noch beeinträchtigen, nachdem die Beziehung schon viele Jahre vorbei ist. Sie beeinträchtigen dich in jeder anderen Beziehung, die du eingehst. Sie beeinträchtigen dein Selbstwertgefühl. Es ist wichtig, dich daran zu erinnern, dass du alles, was du einem anderen Menschen antust, auch dir selbst antust. Nur dissoziierte Menschen sind außerstande, das zu erkennen, und das Blickfeld, das ihnen gestattet, glücklich zu sein, ist extrem eingeschränkt. Jemand, der dir so nahe war, wird auf einer Seelenebene immer ein Mitglied deiner „Mannschaft" sein. Mit ihm kämpfen heißt, ihn zu benutzen, um deine Angst vor Nähe, Erfolg und dem nächsten, besseren Schritt zu verschleiern. Mit ihm kämpfen heißt, die Heilung eines Konflikts, den du in dir trägst, zu verhindern. Es kann sein, dass du ein Idol des Krieges in dir trägst, das dein Leben sabotiert, auch wenn du an irgendeinem verborgenen Ort glaubst, der dunkle Gott des Krieges könne dich retten. Das Unbewusste ist von Mythen, Legenden, Archetypen und Schatten durchzogen. In den frühen griechischen und römischen Zivilisationen gab es Kriegsgötter. Das mythische Bewusstsein ist sehr oft das Fundament, auf dem du dein Leben aufbaust. In den meisten Fällen erkennst du gar nicht, dass du die Wahl hast, ob du den dunklen Göttern, die dein Leben sabotieren, oder Gott und der Liebe huldigen willst.

Diese grundlegende Entscheidung hinsichtlich deiner Einstellung triffst du selbst. Gehst du in Richtung Frieden oder in Richtung Krieg? Frieden ist nicht schwach. Er ist weder ein Opfer noch ein Schwächling. Frieden rührt von Ganzheit her, und er besitzt dieselbe Dynamik wie Zuversicht. Es ist nicht notwendig, einen anderen Menschen zu beherrschen, denn das rührt von Schwäche her. Es ist nicht notwendig, einen anderen Menschen zu besiegen, wenn dein jetziger Sieg dazu führt, dass du später in diesem oder in einem anderen Kampf verlierst. Es ist besser, sich einem Spiel zu verpflichten, in dem alle Beteiligten gewinnen, denn sonst wirst du den Preis dafür ebenso bezahlen wie alle Menschen, die du liebst. Wenn du tief genug blickst, dann wirst du erkennen, dass ein Kampf mit einem Menschen immer ein Kampf mit allen Menschen ist. Durch deinen Angriff oder Rückzug lässt du alle Menschen bezahlen. Überlege dir gut, welche Entscheidung du jetzt triffst, denn sie ist bestimmend für den Rest deines Lebens. Du kannst eine wahre Entscheidung treffen. Du kannst alle dunklen Kriegsgötter in Gottes Hände legen, und an ihrer Stelle wird dir Frieden gegeben. Dann werden deinetwegen und der Gnade wegen, die zur Erde kommen kann, heute noch viel mehr Menschen Frieden finden.

Wenn dein Partner sich dir gegenüber hässlich verhält, dann bedeutet das noch lange nicht, dass du dich auf dasselbe Niveau herablassen musst. Sollte dein Partner toxisch geworden sein, hast du vermutlich ein Versprechen auf Seelenebene gegeben, ihn vor sich selbst zu retten. Dieses Buch wird dir zeigen, wie du dieses Versprechen halten kannst. Dadurch wirst du die Zuversicht und die Erfüllung ernten, die mit Heilung einhergehen. Stelle dir vor, wie es wäre, wenn dein Partner von seiner Negativität und Kleinlichkeit frei wäre. Wenn deinem Partner etwas fehlt, dann bist du – und ist durch dich der Himmel – gekommen, um es ihm zu geben. Es ist nicht schwer, braucht aber deine Bereitschaft. Diese Bereitschaft ist dein Beitrag. Dein höheres Bewusstsein und der Himmel werden für den Rest sorgen.

Annehmen

Annehmen ist ein Weg, um sicherzugehen, dass du niemals im Verhalten deines Partners feststeckst. Die meisten Menschen glauben, dass Annehmen passiv ist und bedeutet, sich immer wieder benutzen und ausnutzen zu lassen. Das ist nicht der Fall. Widerstand ist das, was dafür sorgt, dass du feststeckst und dass ein und dieselbe Lektion sich wie eine gesprungene Schallplatte ständig wiederholt. Widerstand ist das, was den Schmerz entstehen lässt oder verstärkt. Annehmen ist ein schnelles Heilmittel, das dich so mühelos zum nächsten Schritt voranbringt, wie dies unter den gegebenen Umständen möglich ist.

„So sei es." Marias Antwort an den Engel weist den Weg hindurch. Je größer die Situation, die anzunehmen du aufgerufen bist, umso größer ist der Sprung nach vorne, den du in Beziehungen, Bewusstsein und Erfolg machst. Widerstand leisten bedeutet, alles nur noch schwieriger zu machen. Widerstand führt dazu, dass du halbe Schritte gehst, und das versetzt dich in eine Pendelbewegung zwischen selbstschädigenden Verhaltensweisen, die über die gesamte Skala von Abhängigkeit bis Unabhängigkeit, vom Opfersein bis zum versehentlichen Tätersein, von Besitzenwollen bis vor dem Besessenwerden davonlaufen, von Anhaftung bis zu Preisgabe, von einem Übermaß an Fürsorge bis zu völliger Gleichgültigkeit reichen.

Annehmen ist schnelles Handeln. Es bringt dich in den Fluss zurück. Es bewältigt große Schwierigkeiten ebenso gut wie kleine Probleme. Es führt zu Frieden, Integration und Zuversicht. Annehmen ist ein sowohl psychologisches als auch spirituelles Prinzip, das dich den ganzen Weg bis hin zur Erleuchtung führen kann. Es heilt Verletzung und Herzensbruch. Es kann körperlichen Schmerz lindern, der von der Unterdrückung und Verdrängung emotionalen Schmerzes herrührt.

Was du annimmst, muss dir nicht gefallen, aber je früher du es annimmst, umso schneller kannst du weitergehen, und sofern es keine unbewussten Wurzeln birgt, wird es dir unmittelbare Erleichterung bringen. Wenn der Schmerz aus mehreren Schichten besteht, kannst du rasch durch eine Schicht nach der anderen hindurchgehen, indem du das, was du erfährst, beobachtest und dann annimmst. Wenn du etwas annimmst, das positiv ist, dann empfängst du es auf eine Weise, die bewirkt, dass du es in weit höherem Maße genießen kannst. Das öffnet den Weg für die Dankbarkeit und dann für die Liebe.

Wenn dein Partner sich gemein verhält und du annehmen kannst, dass er sich gemein verhält, und wenn du außerdem annehmen kannst, dass sein Verhalten in dir Zorn, Verletztheit oder Angst auslöst, dann bist du, sobald du es angenommen hast, beim nächsten Schritt angekommen. Wenn du Widerstand leistest, wird es schlimmer. Wenn du die Lektion nicht gelernt oder seinen Hilferuf nicht erkannt hast, dann wird die Negativität umso größer. Wenn du annimmst, kann sie nur dann größer werden, wenn es verborgene Elemente gibt, die jetzt zutage treten können, oder wenn das Ereignis unbewusste Wurzeln hat.

Sei nicht töricht, wenn es um das Annehmen geht. Annehmen bedeutet nicht, dass du dich missbrauchen lassen sollst. Falls es in deiner Beziehung körperlichen, verbalen oder sexuellen Missbrauch gibt, dann wird die Schuld für euch beide nur größer, wenn du zulässt, dass es weiterhin geschieht. Etwas geht immer weiter, wenn es Passivität und Widerstand zugleich gibt. Wir sind passiv und opfern uns auf, weil wir glauben, es verdient zu haben. Das rührt von unwahrer, verborgener Schuld her. Manchmal glaubst du auch, dass du jemanden retten kannst, indem du dich aufopferst und zum Märtyrer machst. Das ist nicht der Fall, und es funktioniert selten. Aufopferung ist unnötig. Was durch sie erreicht wird, kann auch ohne sie erreicht werden. Aufopferung stärkt das Ego, das deine Liebe in eine Ehe mit der Unwürdigkeit gestürzt hat.

Um ein Zeichen bitten

Um ein Zeichen bitten ist eine schnelle Möglichkeit, eine Antwort auf die Frage zu erhalten, ob es Zeit ist, eine Beziehung zu beenden. Ich hatte einmal eine Klientin, die diese Frage gestellt hat. Sie erhielt die eindeutige Antwort, ihren Partner zu verlassen, durch eine Fernsehsendung, die ihrer eigenen Situation so sehr ähnelte, dass es fast unheimlich war. Obwohl sie in der abhängigen Rolle war, erkannte sie die Wahrheit der Antwort und beendete die Beziehung. Das war das Einzige, was ihren Partner zu der Erkenntnis brachte, dass er etwas ändern musste. Ihm wurde endlich bewusst, dass er das verlor, was er am meisten liebte, und er änderte seine Einstellung radikal. Er kam sogar selbst zu einigen Sitzungen, weil er alles tun wollte, was notwendig war, um seine übergroße Unabhängigkeit zu heilen, die eine Kompensation für Opfermuster aus der Kindheit war. Die Heilung dieser Muster und seine geänderte Einstellung führten dazu, dass beide auf einer ganz neuen Ebene wieder zueinander fanden. Die darauf folgende gute Zeit dauerte fünf Monate, bis schließlich die nächste Schicht desselben Problems zutage trat.

Um ein Zeichen bitten ist eine alte schamanische, metaphysische und spirituelle Praxis, die es seit vielen hundert Jahren gibt. Sie erfordert lediglich, dass du um ein Zeichen bittest, das dir die Antwort zeigt. Zuerst erkennst du, dass du nicht weißt, was wahr ist oder in deinem besten Interesse liegt. Dann bittest du von ganzem Herzen und in der Bereitschaft, die Antwort wirklich haben zu wollen, um ein Zeichen. Erkenne, dass alle Dinge symbolisch für deine Antwort stehen können. Es kann beispielsweise etwas sein, das irgendjemand zu dir sagt, oder ein Traum oder inneres Wissen, eine direkte Botschaft von einer inneren Stimme oder etwas, das du im Radio hörst, in einem Buch liest oder im Fernsehen siehst. Es kann auch ein metaphorisches oder symbolisches Zeichen der Natur sein. Unabhängig davon, auf welche Weise oder in welcher Form das Zeichen kommt, bitte darum, dass es so lebendig und klar sein soll, dass die Antwort eindeutig ist. Bis es sich offenbart, wünsche dir die Antwort von ganzem Herzen, denn diese Antwort wird es dir ermöglichen, ein vollkommen neues Kapitel in deinem Leben aufzuschlagen.

Um ein Zeichen bitten ist eine wahre und verlässliche Methode, die dich schnell auf den Weg zum nächsten, neuen Stadium deines Lebens bringen kann – entweder, indem du dich deiner bestehenden Beziehung neu verpflichtest und dadurch auf eine ganz neue Stufe der Beziehung gelangst, oder aber, indem du dich auf den Weg in ein neues Abenteuer jenseits dieser Beziehung machst. Wenn du die Frage stellst, dann vertraue dem Prozess und wisse, dass die Antwort auf dem Weg zu dir ist. Wenn du an die Frage denkst, stelle sie dir deutlich vor. Sei gewiss, dass die Antwort unterwegs zu dir ist, oder stelle die Frage mit der ganzen Kraft deines Herzens einfach noch einmal neu.

Beziehungen transformieren

Eine Gabe, die in jeder erfolgreichen Beziehung unerlässlich ist, ist die Fähigkeit zur Veränderung. Das Gefühl, in einer Beziehung festzustecken, ist einer der häufigsten Gründe dafür, dass Beziehungen beendet werden. Veränderung hilft dir zu erkennen, ob deine Beziehung wahr ist oder nicht. Sobald du über das hinausgelangt bist, was in deiner Beziehung feststeckt, kannst du eher erkennen, was wahr oder unwahr ist. Fast alle Menschen geben eine Beziehung auf, wenn sie hoffnungslos feststecken. Wenn wir uns nicht mehr vorwärts bewegen können, dann sind wir in Aufopferung gefangen. Wir leben ein „Halbleben" – und so soll das Leben ganz gewiss nicht gelebt werden. Wo eine Beziehung blockiert ist, dort steckt ihr beide – du und dein Partner – fest. Wenn *du* dich änderst, dann verändert sich alles zum Besseren. Wenn du forderst, dass dein Partner sich ändert, passiert nichts, weil deine Forderung zeigt, dass ein verborgener Teil in dir sich nicht ändern will und heimlich dafür sorgt, dass die Beziehung stecken bleibt, weil du dich vor Veränderung fürchtest.

Der Sinn von Beziehungen

Eine Beziehung soll eine Treppe in den Himmel sein, der das Bewusstsein des Einsseins ist. Eine Treppe ist eine kontinuierliche Stufenfolge, die nach vorne und nach oben führt und dich nicht nur ermächtigt, sondern Dinge auch aus einer höheren Warte sehen lässt. Deine Beziehung soll dir helfen, in höherem Maße der zu werden, der du wirklich bist, das heißt, mächtiger, erfolgreicher, liebevoller und weiser. Sie kann das Mittel sein, das dich befreit und dein spirituelles Leben bereichert, das dir Sinn, Trost und Zuflucht bietet. Deine Beziehung ist deine beste Chance zum Glücklichsein. Selbst wenn sie sich unter Qualen windet, zeigt sie dir nur, was der Heilung bedarf, damit du Glück im Leben und in der Beziehung finden kannst.

Beziehungsfallen

Wenn du die wichtigsten Beziehungsfallen kennst, dann verringert sich das Risiko, dass du in sie hineintappst. Dann kannst du die Verantwortung dafür übernehmen, die Veränderungen zu bewirken, die du in deiner Beziehung haben willst. Wenn du forderst, dass andere Menschen sich ändern sollen, während du selbst stur bleibst, dann weist das nicht nur auf einen Mangel an Integrität hin, sondern wird auch ganz einfach nicht funktionieren. Selbst wenn dein Partner sich unter diesen Umständen ändern sollte, wird es dich nicht befriedigen, weil du selbst keinen Schritt der Veränderung gegangen bist. Wenn du nicht bereit bist, dich zu ändern, kannst du weder die Veränderung deines Partners genießen, noch wirst du selbst dich lebendiger fühlen.

Das Ego

Wenn du anerkennst, dass der Sinn einer Beziehung in der Ganzheit und der Liebe besteht, die Glück bewirken und zur Auflösung des Egos führen, dann bekommt das Ego ein sehr großes Interesse daran, deine Beziehung zu sabotieren und durch Krieg oder Leblosigkeit in ein Denkmal für sich selbst zu verwandeln. Das Ego will, dass sich alles immer nur um „mich" dreht, und die Arena der Beziehungen ist in dieser Hinsicht keine Ausnahme. Das Ego will, dass dein Partner deine Trophäe ist, die beweist, dass du etwas ganz Besonderes bist, oder dass er einfach da ist, um deine Bedürfnisse zu erfüllen. Damit wird dein Partner zum Nebendarsteller in einem Film, in dem du selbst die Hauptrolle spielst. Bei Männern zeigt sich dies häufig darin, dass sie ihre Arbeit für wichtiger halten als ihre Beziehung. Bei Frauen tritt es oft in Form von Selbstsucht oder emotionalem Schwelgen auf. Letzten Endes sind beide Muster selbstschädigend, weil die Bedeutung der Beziehung herabgesetzt wird und stattdessen die Bedürfnisse des Egos verstärkt werden. Das Ego ist das Prinzip des Etwas-Besonderes-sein-Wollens, der Trennung und der Selbstsucht. Es ist nicht wirklich an Liebe interessiert, sondern nur an sich selbst. Den größten Teil seiner Zeit verbringt es damit, sich zum Schaden deiner Beziehung zu nähren und zu schützen.

Egobedürfnisse oder Geben

Der vielleicht größte Fehler, den man in einer Beziehung machen kann, hat damit zu tun, was man glaubt von seinem Partner bekommen zu können. Auch wenn wir alle versucht sind, diesen Verdacht schnell von uns zu weisen, ist das Wesen der Anziehung genau darauf begründet. Was dir deiner Meinung nach selber fehlt, das zieht dich bei einem anderen Menschen an. Obwohl eine Beziehung natürlich durch Anziehung und die damit verbundene Verliebtheit anfängt, hat die Phase der Verliebtheit irgendwann ein Ende, und die eigentliche Arbeit beginnt. Genau an diesem Punkt führt Bedürftigkeit erst zu Machtkampf und später zu Leblosigkeit, weil du dich zurückziehst, damit dein Partner nichts von dir nehmen kann, und genau dann spielt Geben für den Erfolg deiner Beziehung eine entscheidende Rolle.

Was du in einer Beziehung gibst, ist letztlich das, was dich befriedigt und erfüllt. Dein Geben gestattet dir nicht nur, das zu genießen, was du gibst, sondern öffnet dich auch dafür, das zu empfangen, was dir gegeben wird. Im Hinblick auf deine unerfüllten Bedürfnisse entsteht dadurch eine paradoxe Situation. Wenn du gibst, was du als dein eigenes Bedürfnis empfindest, dann wird dieses Bedürfnis dadurch erfüllt. Bedürfnisse sind im allgemeinen unattraktiv und abstoßend, aber paradoxerweise erfüllst du dein eigenes Bedürfnis, wenn du gibst. Auf diese Weise versuchst du nicht, deinen Partner zu besitzen, was nur bewirkt, dass du ihn fortstößt. Es wird dich nicht lange befriedigen, von deinem Partner zu **nehmen**, sondern deine Bedürfnisse paradoxerweise nur größer werden lassen. Deine Bedürfnisse sind das Ergebnis von Situationen, in denen du die Verbundenheit verloren hast. Dennoch trägst du in dir die Gaben und die Gnade, die dich vollkommen befriedigen würden. Es ist so, als seiest du in einem Palast, in dem ein Festmahl hergerichtet wurde, du aber ignorierst es und gehst hinaus in die Wüste, um etwas zu essen zu finden. Wird die Lektion der Bedürfnisse nicht gelernt, kann sie deine Beziehung zerstören, und an die Stelle von Liebe tritt Hass.

Sex als Beispiel

Nehmen wir Sex als Beispiel. In den meisten Paartherapien, die ich durchgeführt habe, klagte einer der Partner darüber, er bekäme nicht genug Sex. Nachdem ich die Klage oft genug gehört hatte, fand ich heraus, dass ich einem Paar bei der Bewältigung dieser Herausforderung am schnellsten helfen konnte, indem ich dem Partner, der über die Dürre klagte, half, die unterbewusste Angst zu entdecken, die bewirkte, dass er Sex ablehnte. Dazu führte ich ihn beispielsweise zu der verborgenen Situation zurück, in der das unersättliche Bedürfnis oder das Schuldgefühl, das seinen Partner abstieß, entstanden war, und half ihm, diese Wurzelsituation zu heilen, weil genau da auch der Ursprung seiner Angst davor lag, das zu haben, was er wollte. Dies führte fast immer zu einer ganz neuen Stufe sexueller Nähe.

Wir wollen das Prinzip, das zu geben, was du im Hinblick auf Sex brauchst, einmal auf einer bewussten Ebene betrachten. Wenn dein Partner dir nicht den Sex gibt, den du willst oder brauchst, dann macht es nur wenig Sinn, ihm noch mehr Sex geben zu wollen. Würdest du ihm stattdessen jedoch sexuelle Energie oder Attraktivität geben, dann würden deine

Reize dadurch auf natürliche Weise verstärkt, und dies wiederum würde deinen Partner anziehen. Der Ursprung deines Mangels an Attraktivität für ihn liegt üblicherweise in einem Trauma, in dem du einen Teil deiner selbst durch Rückzug verloren hast. Genau dort hast du angefangen zu glauben, dass du lieblos bist. *Dies wird nun auf deinen Partner projiziert, sodass du ihn als lieblos empfindest.* Es kann eine ganze Reihe von Gründen dafür geben, dass sein sexuelles Interesse nicht so stark ausgeprägt ist, aber du kannst ihm helfen, ein größeres Gleichgewicht zu finden, indem du ihm deine sexuelle Ausstrahlung und Attraktivität auf einer energetischen Ebene gibst. Wenn du dich deinem Partner und deiner sexuellen Beziehung verpflichtest, dann bringst du dich von ganzem Herzen für den sexuellen Erfolg deiner Beziehung ein. So gewinnst du mit jeder neuerlichen Verpflichtung deine verlorenen Selbstanteile aus dem Trauma zurück. Verpflichtung ist auch ein sehr wirksames Mittel, um dich und deinen Partner – Schritt um Schritt und Stufe um Stufe – über unterbewusste und unbewusste Fallen hinauszuführen.

Das Prinzip, das es dir ermöglicht, das zu bekommen, was du haben möchtest, lautet: *Gib, was du brauchst, um dein Bedürfnis zu erfüllen.* Tust du es nicht, führt dies in der Regel erst zu einem Machtkampf und dann zu Leblosigkeit. Vielleicht bist du im Hinblick auf Sex begabter, und dein Partner ist eher scheu oder verklemmt. Dann ist es an dir, die sexuelle Energie zur Verfügung zu stellen, die Sex für ihn attraktiv anstelle von verkrampft macht. Es kann auch sein, dass es irgendein anderes Bedürfnis gibt, das, wenn es erfüllt wird, bewirkt, dass dein Partner sich in Bezug auf Sex entspannen und stärker auf dich eingehen kann. Es wäre für euch beide von Vorteil, wenn du dieses Bedürfnis erfüllen würdest: Es würde deinem Partner helfen und ihm erlauben, dir im Hinblick auf deine Bedürfnisse zu helfen. Eine Möglichkeit, dies zu tun, besteht zum Beispiel darin, in ihm nach dem Selbst zu suchen, das bedürftig ist. Ströme das, was dieses Selbst braucht, aus dir in deinen Partner ein. Wenn du glaubst, dass du es nicht besitzt, empfange es vom Himmel und gib es weiter.

Gaben

Es gibt noch ein weiteres Prinzip, das sich als sehr hilfreich erwiesen hat, wenn es darum geht, Probleme zu heilen. Es steht dir in jeder Situation zur Verfügung, in der es für dich oder für deinen Partner ein Problem gibt: ***Du hast eine Gabe mitgebracht, die genau für diese Situation gedacht ist.*** Gaben sind eine der einfachsten Methoden der Heilung, die es gibt. Je größer das Problem, umso größer die Gabe! Wenn es also bei dir oder bei deinem Partner ein Problem gibt, dann frage dich, welche Gabe du auf einer Seelenebene mitgebracht hast, um das Problem zu heilen. Welche Gabe dir auch immer in den Sinn kommt, stelle dir vor, dass du dein Herz, deinen Geist und deine Seele öffnest und dich mit dieser Gabe erfüllst. Teile die Gabe anschließend mit deinem Partner.

Frage dich dann, welche Gabe dir Gott gibt, um das Problem zu transformieren. **Ein Kurs in Wundern** beschreibt Gott als „Das, was allen alles gibt". Deshalb wartet die Gabe des Himmels in deiner Zeit der Not nur darauf, dass du sie empfängst. Öffne dich der Großmütigkeit des Himmels jetzt, und empfange die Gabe. Teile sie auf einer energetischen Ebene mit deinem Partner, indem du dir vorstellst, dass du diese Gabe an ihn weitergibst. Wichtiger noch als diese himmlische Gabe ist jedoch die Erfahrung der Gegenwart des Gebenden. Stelle dir vor, dass du deine Hand nach der Hand des Gebenden ausstreckst. Spüre die bedingungslose Liebe und Gnade, die zu dir hinfließt. Spüre die Gegenwart des Göttlichen. Du bist nicht allein. Lasse zu, dass du in diesen Händen getragen wirst. Lege deine Beziehung in diese Hände. Bitte um das Wunder, das du brauchst.

Auf der allertiefsten Ebene ist Gott das einzige Bedürfnis, das du hast. Dies führt zur Ganzheit. Dies stellt einen einfachen Weg dar, um deine Probleme zu heilen. Stelle dir vor, dass du alles in Gottes Hände legst. So kann die Heilung deiner Probleme fast unmittelbar oder innerhalb von nur wenigen Tagen geschehen, denn das Ego bauscht jede kleine Sache fast immer zu einem äußerst komplizierten Problem auf. In dem Maße, in dem das Problem – Gabe um Gabe und Schicht um Schicht – geheilt wird, spürst du eine vollkommen natürliche Vorwärtsbewegung, und die Situation löst sich allmählich auf.

Toxische Beziehungen – die große Frage

Eine weitere Sache, die es insbesondere dann zu bedenken gilt, wenn du dich in einer toxischen Beziehung befindest, ist die Frage, ob du diese Beziehung benutzt, um dich selbst zurückzuhalten, oder ob du ein Versprechen auf der Seelenebene gegeben hast, deinen Partner zu retten. Manchmal gibst du – als Teil deiner Lebensaufgabe – ein Versprechen auf der Seelenebene, einen anderen Menschen vor sich selbst zu retten. Ist das der Fall, dann trägst du eine Seelengabe in dir, die das Gegenmittel zu seinem Problem ist. Du kannst auch in solchen Situationen die Gabe des Himmels empfangen, um ihn zu retten, und die Erfahrung der göttlichen Gegenwart auf einer energetischen Ebene mit ihm teilen. Abhängig vom Ausmaß der Toxizität in einer Beziehung kann es manchmal notwendig sein, die Übung zu wiederholen, um alle vergrabenen Schichten zu heilen. Wenn du diese Übung mindestens eine Woche lang wiederholst, sooft du daran denkst, sollte deine Beziehung auch dann allmählich Fortschritte machen, wenn die unbewussten Wurzeln noch so tief sind.

Wenn dein Partner dich missbraucht

Wenn du mit einem Partner zusammen bist, der toxisch ist oder dich missbraucht, dann ist es von entscheidender Bedeutung, dass du dich nicht missbrauchen lässt, denn das vergrößert nur die Schuld für euch beide, die sich dann in Bestrafung oder Selbstbestrafung für euch beide verwandelt. Achte dich selbst, und sorge dafür, dass dein Partner dich ebenso achtet, denn anderenfalls sind die Erfolgsaussichten äußerst gering. Du brauchst nicht unbedingt in der Beziehung zu bleiben, um die Seelengaben mit deinem Partner teilen zu können, die du auf einer energetischen Ebene mitgebracht hast, um ihn zu retten.

Das folgende, unterbewusst wirkende Prinzip kannst du zum Beispiel anwenden, um einen Partner, der dich missbraucht, „umzukrempeln". Verpflichte dich dazu zuerst deiner und seiner Unschuld, denn verborgene Schuld von euch beiden trägt dazu bei, dass ihr unterbewusst eine geheime Absprache trefft, um ein missbräuchliches Ereignis herbeizuführen. Du bist nicht schuldig, weil der Missbrauch geschieht, auch wenn du dich seinetwegen vielleicht schlecht fühlst. Dennoch bist du verantwortlich, und weil du es bist, kannst du sowohl für dich selbst als auch für deinen Partner etwas verändern. Missbrauch weist normalerweise auf verborgene Schuld und Angriff seitens desjenigen hin, der missbraucht wird. Du benutzt einen anderen Menschen nur, um dich selbst zu bestrafen, und du erntest den Angriff, den du gesät hast. Das entschuldigt weder den Missbrauch noch den Missbrauchenden, aber es hilft dir zu verstehen, was geschieht. Verstehen ist der Beginn der Heilung. Die Schuld, die du empfindest und die zu dem Missbrauch geführt hat, ist nicht wahr, worin sie auch immer bestehen mag. Wenn die verborgene, unwahre Schuld geheilt wird, hört der Missbrauch auf. Schuld schwächt dich, während Verantwortung dich ermächtigt. Entscheide dich für die Verantwortung und die ihr innewohnende Ermächtigung, denn sie wird dir geben, was du brauchst, um das gegenwärtige Problem der Schwachheit und der Beherrschung in Gleichheit zu verwandeln.

Um ein Problem zu heilen, musst du zuerst erkennen, dass jeder Schmerz aus der Vergangenheit herrührt. Das heißt, dass der Ursprung des gegenwärtigen Missbrauchs in vergangenen Situationen liegt. Alle negativen Emotionen oder Verstimmungen weisen auf einen Fehler hin, den *du* irgendwo in deiner Vergangenheit *gemacht hast*. Deshalb kann das gegenwärtige Problem in Ordnung gebracht werden, weil es dein Fehler *aus deiner Vergangenheit* ist. Es ist ein Missverständnis, das schließlich dazu geführt hat, dass du missbraucht wirst. Missbrauch bringt nichts in Ordnung. Er verstärkt nur den Teufelskreis aus Schuld und Missbrauch. Du musst zur Wurzel des Ereignisses selbst gelangen, denn das ist der Ort, an dem du es für immer verändern kannst. Ralph Waldo Emerson, der amerikanische Philosoph, hat es so ausgedrückt: „Tausende schneiden den Ast des Baums ab, nur einer strebt nach der Wurzel." Wenn du bereit bist, kannst du dieses Problem jetzt mit Hilfe deiner Intuition klären.

Frage dich:

Wenn ich wüsste, wie alt ich war, als die Wurzel dieses Problems entstanden ist, dann war es vermutlich im Alter von ....

Wenn ich wüsste, wer bei mir war, als dieses Problem entstanden ist, dann war es vermutlich ....

Wenn ich wüsste, was geschehen ist, als dieses Muster begonnen hat, dann war es vermutlich ....

Wenn ich wüsste, was mein Ego mir angeboten hat, damit ich seinen Weg gehe, der zu diesem Problem geworden ist, dann war es vermutlich ....

Wenn ich wüsste, welche Gabe ich auf einer Seelenebene mitgebracht habe, um genau dieses Problem zu heilen, dann war es vermutlich ....

Wenn ich wüsste, welche Gabe der Himmel mir angeboten hat, um die Situation zu heilen, dann war es vermutlich ....

Du könntest dich jetzt dafür entscheiden, den Weg der Wahrheit zu gehen, deine Seelengabe zu öffnen und auch die Gabe zu empfangen, die der Himmel für dich hat. Wenn du diese Gaben empfängst, teile sie mit den Menschen, die in der Situation bei dir waren. Empfange auch die Gegenwart des Gebenden, und teile diese Gegenwart mit allen, die an der Situation beteiligt waren.

Wie fühlt sich diese vergangene Situation jetzt für dich an?

Mit dieser Methode wird eine Situation nur dann nicht geheilt, wenn es eine noch frühere Wurzel gibt. Wenn sich keine Lösung einstellt, wiederhole die Übung einfach in der Bereitschaft, den ganzen Weg zurückzugehen, bis du an der wahren Wurzel des Missbrauchsproblems angekommen bist. Sie kann im Mutterleib oder sogar noch früher in einem Ahnenmuster oder sogar einem „früheren Leben" entstanden sein. Auf diese Situationen werde ich an späterer Stelle noch näher eingehen.

Wenn du die Übung abgeschlossen hast, teile diese Gaben mit deinem Partner. Ich habe selbst erlebt, wie diese Übung eine Reihe von Beziehungen gerettet und den Missbrauchenden überraschenderweise transformiert hat, ohne dass es einer monate- oder jahrelangen Therapie bedurft hätte, die normalerweise erforderlich ist, um eine Missbrauchssituation aufzulösen.

Drei entscheidende Situationen

Es gibt drei entscheidende Situationen in einer Beziehung, von denen du wissen solltest, wie du sie heilen kannst:

Die erste und gefährlichste Situation ist, wenn dein Partner **zu deiner dunklen Seite oder deinem Schatten** geworden ist.

Die zweite Situation ist, wenn du in einem **Machtkampf** steckst.

Die dritte Situation ist, wenn du in **Leblosigkeit** gefangen bist.

(Weitergehende Informationen darüber, wie du diese Krisen in einer Beziehung transformieren kannst, findest du in meinem Buch *Beziehungs-Notfall-Set*, das 2007 im Verlag Goldmann erschienen ist.)

Es ist wichtig zu wissen, dass alle Heilung, die du für deinen Partner bewirkst, auch Heilung für dich selbst bringt. Es ist die

Transformation deiner eigenen Selbstkonzepte, Glaubenssysteme und Fallenmuster. In dem Maße, in dem du gemeinsam mit deinem Partner heil wirst, transformierst du Konflikte in dir selbst, die du nach außen projiziert hast.

Die erste Situation – Der Schatten

Wenn dein Partner zu deinem Schatten geworden ist, dann befinden sich sowohl du selbst als auch das Wohlergehen deiner Beziehung an einem gefährlichen Ort. Die größte Bedrohung für deine Beziehung besteht, wenn sie vom Stadium der Verliebtheit ins Stadium des Machtkampfs gelangt. An diesem Punkt kann es passieren, dass ein Partner aufgibt und die Beziehung beendet, weil der andere Partner plötzlich scheinbar zu seinem schlimmsten Alptraum geworden ist. Jede Phase in einer Beziehung ist von größter Wichtigkeit, damit du lernst und heil wirst und damit die Beziehung sich ins Stadium der Partnerschaft hinein entfalten kann.

Der **Schatten-Schritt** ist der erste Schritt im Stadium des Machtkampfs nach der Phase der Flitterwochen. Er tritt nicht in jeder Beziehung auf. Wenn er es aber tut und du dir seiner nicht bewusst wirst und ihn heilst, dann kann es dir passieren, dass deine Beziehung nur von kurzer Dauer ist. Dein Partner kann auch dann zu deinem Schatten werden, wenn er im Stadium des Machtkampfs eine deiner Regeln bricht oder wenn nicht geheilter Abscheu und Verachtung nach langen Jahren zu Hass geworden sind. Das Wesen der Wahrnehmung ist jedoch Projektion. Du siehst die Welt so, wie du dich selbst siehst. Ein Schatten ist ein vergrabener Teil deiner selbst, den du verurteilt hast. Dieses Urteil hast du dann als Lösung des Egos, mit Schuld umzugehen, nach außen projiziert. Die

Wurzeln jeder Interaktion mit deinem Partner über sein Verhalten liegen deshalb in deiner Vergangenheit. Dies führt zu Verurteilung, Schuldzuweisung, Angriff oder Rückzug von deinem Partner, auf den du deinen Schatten projiziert hast. Die Art und Weise, in der wir Schatten erschaffen, entspricht übrigens der Art und Weise, in der wir die Welt erschaffen haben. Wir haben uns selbst verurteilt, abgespalten und von dem dissoziiert, was wir an uns selbst verurteilt haben, weil wir das Schuldgefühl nicht ertragen konnten. Dann haben wir es verdrängt und nach außen projiziert. Was du also in deinem Partner und der Welt wahrnimmst, ist das, was du über dich selbst glaubst. Auf diese Weise ist alle Vergebung tatsächlich Selbstvergebung. In dem Maße, in dem du deine eigene Selbstverurteilung heilst, färbt sie nicht länger deine Wahrnehmung. Du blickst mit wohlwollenden Augen auf die Welt, und im Gegenzug sind auch die Welt und dein Partner dir wohlgesonnen.

So gelangst du zurück zu der Erkenntnis, wie wichtig es ist, dich der Unschuld zu verpflichten, die die Wurzel von Liebe, Fülle und Leichtigkeit ist. Dann kannst du jedem Menschen dankbar sein, weil er dir entweder Liebe bringt oder dir zeigt, was du in dir verborgen hast, das dich zurückhält und der Heilung bedarf.

Schatten heilen

Ich möchte dir drei Wege zeigen, um deine Beziehungen insbesondere zu den Menschen zu heilen, die du in Schatten verwandelt hast, aber auch zu den Menschen, mit denen du allgemein Schwierigkeiten hast. Diese Methoden sind Integration, Initiation und Vergebung.

Integration

Denke an die Eigenschaft, die du bei deinem Partner am wenigsten ausstehen kannst. Sie ist dein Schatten. Frage dich dann, wie viele Selbstkonzepte du in dir trägst, die diesem Schatten genau gleichen. Er ist deine dunkle Seite, die dein Partner für dich auslebt. Wenn du in deiner Welt etwas wahrnimmst, dann hast du es als Selbstkonzept auch in dir selbst, da du es außerhalb von dir selbst sonst nicht wahrnehmen könntest. Wenn du dieses Prinzip kennst, kannst du es benutzen, um verborgene Selbstkonzepte zu finden, die der Heilung bedürfen. Sollten dir zwei Zahlen in den Sinn kommen, dann heißt das, dass du den Schatten in zwei Schichten deines Bewusstseins klären kannst, was ganz besonders hilfreich ist.

Die grundlegendste Methode der Heilung von Schatten ist Integration. Integration ist ein wesentlicher Teil jeder Heilung, denn jede Heilung hilft uns, mehr von unserer Ganzheit zu erkennen. Stelle dir diese vielen Schatten, die du in dir trägst, deshalb als Selbstkonzepte vor, die vor dir stehen. Bringe sie alle zum Schmelzen, bis sie zu dem weißgoldenen Licht geworden sind, aus dem alle Dinge bestehen. Nimm dieses Licht in dich auf. Spüre den Frieden und das höhere Maß an Ganzheit, das dieses Licht dir bringt. Das zu integrieren, was einmal Schatten waren, gibt dir eine gewisse Immunität gegen weitere Urteile und weitere Trennung im Hinblick auf diesen speziellen Schatten. Ich habe die Erfahrung gemacht, dass mitunter neue Schichten desselben Schattens zutage gefördert werden, damit wir uns mit ihnen befassen, wenn wir zu neuen Kapiteln in unserem Wachstum und Bewusstsein gelangen. Die erste Heilung scheint allerdings entscheidend zu sein, denn sie gibt uns die nötige Bewusstheit, damit diese Schatten uns nicht mehr überraschen oder überrumpeln können.

Initiation

Die zweite Übung zur Heilung von Schatten ist eine Übung der Initiation. Sie hilft dir, einen Anteil deines Bewusstseins zurückzugewinnen, den du verloren hast, und ermächtigt dich damit auf einer ganz neuen Stufe. Stelle dir zuerst vor, dass alle deine Schatten dieser speziellen Art vor dir stehen. Nachdem du sie zu einem einzigen großen Schatten verschmolzen hast, nähere dich diesem Schatten. Er ist nicht massiv, sondern ein Hologramm, eine dreidimensionale Projektion. Das Ego platziert Schatten oberhalb von Eingangstoren, die zu verlorenen Bereichen deines Bewusstseins führen. Tritt in das Hologramm hinein. Nimm das Eingangstor wahr, und gehe hindurch. Wenn du es durchschritten hast, nimm wahr, was sich dahinter befindet. Freue dich an dem Anteil deines Bewusstseins, den du zurückgewonnen hast.

Sollte es – was allerdings nur selten der Fall ist – einmal vorkommen, dass du an einen dunklen Ort gelangst, dann bitte dein höheres Bewusstsein oder deinen Engel darum, Licht hineinzubringen, um jede Negativität zu klären. Die Dunkelheit ist genau das, was dein Ego benutzt hat, um dich zu ängstigen und von diesem Bereich deines Bewusstseins fernzuhalten, aber nachdem du dies einmal erkannt hast, kannst du es mühelos heilen. Danach kannst du dich fragen: „Wie viel Prozent meines Bewusstseins habe ich gerade zurückgewonnen?" Das Zurückgewinnen verlorener Anteile deines Bewusstseins hat dieselbe Kraft wie eine schamanische Initiation, die der Ermächtigung dient.

Vergebung

Die dritte Methode der Heilung ist Vergebung. Vergebung wird viel leichter, wenn du erkennst, dass auf einer unterbewussten Ebene sowohl deine gegenwärtige Falle als auch alle daraus folgenden negativen Emotionen aus deiner Vergangenheit kommen. Es sind Teile eines Musters, das in der Kindheit und in früheren Beziehungen entstanden ist. Die schweren Traumata der Kindheit haben eine Vorgeschichte in Ahnenmustern, Seelengeschichten oder beidem.

Diese Muster kommen aus dir selbst, und auf bestimmten tiefen Ebenen hast du dich aus irgendeinem falschen Grund für sie entschieden. Sie können durch Vergebung geklärt werden. Es gibt noch tiefere Muster, die aus dem kollektiven Unbewussten oder ursprünglichen Ego, dem dunklen astralen Unbewussten, dem Verlust des Einsseins oder der Trennung von Gott auf der uranfänglichen Stufe deines Geistes herrühren. Je tiefer du mit deinem Bewusstsein auf jede neue Stufe deines Geistes vordringst, umso geringer ist nicht nur das Maß an Bewusstheit, sondern umso größer sind auch Schuld, Verlust und Schmerz.

Mit all diesen Dingen will ich sagen, dass du manchmal nur einmal zu vergeben brauchst, um Frieden, eine Lösung und sogar eine Veränderung bei deinem Partner zu bewirken. Manchmal bringt Vergebung dir Frieden für nur wenige Tage oder sogar nur wenige Momente, bis die nächste Schicht negativer Emotionen zutage tritt. Probleme können chronisch und kompliziert sein, und sie können unbewusste Wurzeln haben. Ist dies der Fall, musst du Schicht um Schicht vergeben, um deinen Frieden zu bewahren oder schließlich die Lösung des Problems zu finden.

Deine Beziehung ist ein Werkzeug der Transformation, um all das zu verändern, was in dir zerbrochen ist. Dinge, denen es an Ganzheit fehlt, fördert sie in Form von Problemen in und um deine Beziehung zutage. Vergebung als Lebensweise gewinnt deinen Geist und dein Herz für die Ganzheit zurück und bringt Glücklichsein in alle Bereiche deines Lebens hinein. Überall dort, wo es ein Problem in deinem Leben gibt, hast du einem Menschen für eine Sache nicht vergeben. Dies ist nun zu einem äußeren Problem geworden. In dem Maße, in dem du jedem und allem – und vor allem deinem Partner – vergibst, wirst du zur Ganzheit zurückgeführt.

Normalerweise käme es dir nicht in den Sinn, dem Wetter, einem Verkehrsstau oder körperlichem Unbehagen zu vergeben. Ärger oder Gereiztheit in jeder Form ist jedoch ein Zeichen für verborgene innere Schuld. Deine Vergebung segnet dich, bringt dir den Frieden zurück und verbindet dich wieder neu mit deinem Partner und deiner Welt. Du kannst eine Liste der Dinge erstellen, die dich an deinem Partner nerven, und ihnen immer wieder vergeben, um dir ein immer höheres Maß an Frieden, Macht und Glück zurückzubringen. Du kannst der Vergangenheit mit deinem Partner vergeben und dann – Stunde um Stunde – allem vergeben, was dich ärgert, und zwar nicht nur an deinem Partner, sondern an allem. So wirst du nicht nur im Leben, sondern auch mit deinem Partner schneller glücklich. Sollte die Beziehung zu deinem Partner trotzdem nicht mehr wahr sein, bleibt er dir als guter Freund erhalten. Er ist für dich nach wie vor ein Spiegel, nur nicht mehr so nah. Er ist immer noch ein Teil deiner „Mannschaft", und deshalb wäre es gut, wenn du dafür sorgen würdest, dass es funktioniert und ihr beide auf die bestmögliche Weise gemeinsam gewinnt. Vergebung hat die Macht, dies für dich zu vollbringen. Vergebung bewirkst du durch deine Absicht, nicht durch deine Worte.

In einer Beziehung sind weder Angriff noch Zorn zielgerichtet. Der Zorn, den du gegenüber deinem Partner empfindest, ist nicht nur gegen deinen Partner gerichtet, sondern trifft alle Menschen, die du liebst, deine Kinder eingeschlossen. In **Ein Kurs in Wundern** heißt es, dass du bei jedem Stich des Ärgers, der dich trifft, erkennen solltest, dass du ein Schwert über deinen Kopf hältst. Ob es fällt oder abgewendet wird, hängt davon ab, was du als Nächstes zu tun beschließt. Zorn, den du jetzt empfindest, kann sich sogar auf künftige Beziehungen auswirken, und unaufgelöster Zorn kann sich als Problem, Kontrolle, Rückzug, Vertrauensverlust, Krankheit, Aggression oder in einer der vielen anderen Formen zeigen, die Zorn annehmen kann.

Ich will dir eine schnelle Übung der Vergebung zeigen, die du jederzeit greifbar haben kannst. Erinnere dich daran, dass innerer Friede, der von Vergebung herrührt, die Wurzel von Gesundheit, Liebe, Fülle und Glücklichsein ist. Es ist wichtig, dass du alle diese Probleme mit deinem Partner klärst, egal, ob du bleibst oder gehst, damit du keinen Schutt mitnimmst, der dich später von deinem Partner fernhält, wer immer dieser Partner dann sein mag.

Es stimmt, dass du beim nächsten Mal vielleicht einen Partner findest, der besser zu dir passt, aber du kannst auch deinen jetzigen Partner zu einem Partner machen, der besser zu dir passt – Schicht um Schicht, Vergebung um Vergebung. Wähle etwas, für das du deinem Partner vergeben solltest. Entscheide dich dann, ihm mit der ganzen Kraft deines Herzens und deines Geistes zu vergeben.

Ich will mich selbst wegen dieser Sache nicht verurteilen,
und auch nicht die, die ich liebe.
Ich will auch dich, ... (Name), nicht verurteilen.
Ich will diese Sache nicht als Hindernis für die Liebe,
sondern als Mittel zur Liebe benutzen.

Die zweite Situation – Machtkampf heilen

Ein Machtkampf ist ein Kampf, der sich zunehmend verstärkt, bis jemand einen höheren Standpunkt einnimmt und die heimtückische Abwärtsspirale umkehrt, die der Kampf erzeugt hat. Ein Machtkampf endet nicht durch Sieg oder Niederlage, sondern setzt sich in Form von Urteilen, Angriffen, Rache oder emotionaler Erpressung wie etwa Herzensbrüche, Überfälle aus dem Hinterhalt, Opfersein und andere Anklagen fort. Du kämpfst mit einem anderen Menschen, weil er deine Bedürfnisse nicht erfüllt oder weil du Recht haben und durchsetzen willst, dass alles nach deinem eigenen Kopf läuft. In einem Kampf besitzt jeder Partner das, was für eine Integration erforderlich ist, die zu Erfolg und einer höheren Stufe der Beziehung führt. Der eine Partner mag zwar Recht haben in Bezug auf das, was zu tun ist, aber die Energie beider Partner ist notwendig, um voranzukommen und erfolgreich zu sein. *Wenn ein Machtkampf stattfindet, dann verbirgt dies einen Ort, an dem beide Partner sich vor der nächsten Stufe von Erfolg und Nähe in ihrer Beziehung und ihrem Leben fürchten.*

Eine Lichtbrücke bauen

Der Bau einer Brücke ist eine wunderbare Möglichkeit, die Verbindung entstehen zu lassen, die eine Beziehung heilen kann. Frage dich:

Wenn die emotionale Distanz zwischen dir und deinem Partner ein Gewässer wäre, was wäre sie dann?

Stelle dir vor, dass dein Partner dir gegenübersteht und dass ihr durch dieses Gewässer getrennt seid. Was empfindest du?

Stelle dir dann vor, dass von deinem inneren Licht ausgehend eine Brücke aus Licht gebaut wird, die sich mit dem inneren Licht deines Partners verbindet. Wie fühlt es sich an, wenn die Brücke vollendet ist?

Frage dich, wie groß jetzt das Gewässer ist, das dich von ihm (und von diesem verborgenen Teil deiner selbst) trennt.

Frage dich, wie du dich jetzt fühlst.

Baue erneut eine Lichtbrücke, die von deinem Licht zum Licht deines Partners führt.

Wiederhole die Übung so lange, bis ihr beide zu einem einzigen Licht geworden seid. Führe sie anfangs häufig und dann alle paar Tage durch, bis sich zwischen euch eine gute Beziehung und ein gutes Verhältnis entwickelt hat.

Führe die Übung auch mit allen wichtigen Beziehungen durch, die du hattest, vor allem dann, wenn du schmerzhafte Erfahrungen durchlebst.

Führe die Übung auch mit deinen Eltern durch, insbesondere in Zeiten, in denen Krieg, Machtkampf oder Leblosigkeit herrschen. Stelle dir einfach vor, dass du dabei auf einer kleinen Insel zwischen ihnen stehst. Baue eine Brücke zum

Licht des ersten Elternteils und von dort zum zweiten Elternteil. Hilf dann von dort eine Brücke aus Licht zu bauen, die zu dir selbst zurückführt. Wenn du die Übung noch einmal wiederholst, kannst du die Richtung umkehren und die Brücke zuerst zum zweiten Elternteil bauen, von dort zum ersten Elternteil und zurück zu dir selbst. Du kannst diese Übung sogar mit den Eltern deines Partners durchführen, indem du mit deinem Partner zusammen auf der kleinen Insel zwischen seinen Eltern stehst.

Auf diese Weise kannst du ein enorm hohes Maß an Trennung beseitigen, die ihr beide in die Beziehung hineingebracht habt. Wenn die Trennung beseitigt ist, entsteht neue Verbundenheit zwischen euch, die mühelos Liebe und Erfolg bringt und euch von größeren Mustern befreit.

Gleichgewicht durch Gleichheit

Wenn in einer Beziehung ein Machtkampf im Gange ist, dann findet er statt, weil im Hinblick auf Gleichheit ein gewisses Ungleichgewicht in der Beziehung herrscht. Wir wollen einmal annehmen, dass jeder Partner zu 100% zur Abhängigkeit und zu 100% zur Unabhängigkeit fähig ist. Wenn nun ein Partner in Bezug auf Unabhängigkeit oder Macht auf etwa 80% kommt, der andere Partner aber nur auf 20%, dann zeigt dieses Ungleichgewicht von Unabhängigkeit und Abhängigkeit, dass die Beziehung in großen Schwierigkeiten ist. Ein Partner, der sich der Wahrheit in der Beziehung verpflichtet hat, kann die Transformation für beide Partner bewirken. Es ist viel leichter, sich als Freunde zu trennen, wenn die Beziehung vorüber ist, als im Kampf und als bittere Gegner mit Narben und dunklen Mustern auseinander zu gehen. Wenn du in einer Beziehung jemals Erfolg haben willst, dann solltest du wissen, wie du Machtkämpfe heilen kannst. Deine Beziehung in ein Gleichgewicht zu bringen ist eine einfache Möglichkeit, um genau das zu erreichen.

Eine Beziehung kommt nur dann voran, wenn sie sich im Gleichgewicht befindet und wenn dieses Gleichgewicht bei mindestens 50% : 50% oder höher liegt. Wenn das Gleichgewicht in einer Beziehung unter 50% : 50% liegt, dann herrscht Co-Abhängigkeit anstelle von Gleichgewicht. Ab 50% : 50% aufwärts entwickelt eine Beziehung sich zu höheren Stufen des Gleichgewichts, wie beispielsweise 80% : 80%. Das zeigt, welche Macht zwei Menschen haben, deren Geist sich miteinander verbindet, denn gemeinsam bilden sie nicht nur eine Summe, sondern multiplizieren sich auf eine neue Stufe des Erfolgs hinauf.

In dem Maße, in dem eine Beziehung stärker wird, kann sie auf eine Summe von mehr als 100% kommen. Von 50% : 50% ausgehend gelangt sie auf höhere Stufen der Partnerschaft und Co-Kreativität. Bei 100% leisten ein oder sogar beide Partner einen Beitrag zur Menschheit oder erfahren spirituelle Durchbrüche als eine ganz natürliche Ausdrucksform ihrer Beziehung.

Es ist sehr leicht, eine Beziehung ins Gleichgewicht zu bringen. Ein Partner muss sich der Gleichheit verpflichten. Wenn er es tut, dann hat seine von Herzen kommende Entscheidung die natürliche Folge, dass das Gleichgewicht in der Beziehung sich von beispielsweise 80% : 20% zu 60% : 40% verschiebt. Dadurch wird die Beziehung zwar besser, aber immer noch nicht wirklich gut. Also verpflichtet er sich der Gleichheit noch einmal, und danach liegt das Gleichgewicht bei womöglich 50% : 50%. Wenn du dort angekommen bist, brauchst du aber nicht aufzuhören, sondern kannst, indem du dich ihr verpflichtest, die Gleichheit weiter aufbauen, um auf höhere Stufen der Partnerschaft – wie 60% : 60% oder 80% : 80% – zu gelangen. Das ist sehr hilfreich für euch beide, weil ihr nach jedem Durchbruch, der über 50% : 50% hinausgeht, normalerweise neue Flitterwochen erlebt. Kurz nach dieser Phase der Flitterwochen tritt dann die nächste Schicht des Konflikts, den ihr in euch tragt, zwischen euch zutage. Die Aufgabe einer Beziehung besteht darin, Konflikte zu heilen, um auf neue Stufen des Glücklichseins und der Ganzheit zu gelangen. Die Liebe in der Beziehung wird zum motivierenden Faktor, um Konflikte zu überwinden und neue Stufen des Vertrauens und der wechselseitigen Abhängigkeit zu erreichen.

Deine Verpflichtung zur Gleichheit kann dich auch durch den **Unabhängigkeits-Abhängigkeits-Schritt** in deiner Beziehung führen. Unabhängigkeit-Abhängigkeit ist die größte Lektion in jeder Beziehung, und sie kommt schon recht früh. Wenn du sie nicht lernst, ist deine Beziehung zum Scheitern verurteilt. Der schnellste Weg, sie zu lernen, liegt darin, dich der Gleichheit zu verpflichten. Dann brauchst du nicht mehrere Jahre – die es normalerweise dauert, um durch ein Beziehungsstadium hindurchzugelangen –, sondern wirst schnell hindurchgeführt.

Der Positiv-Negativ-Schritt

Gleichheit kann dir auch helfen, durch den **Positiv-Negativ-Schritt** – den letzten Schritt im Stadium des Machtkampfs – hindurchzugelangen. Diesen Schritt könnte man auch als den **Idealismus-Realismus-Schritt** oder den **Idealismus-Pessimismus-Schritt** bezeichnen, je nachdem, mit welcher Richtung der negativen und positiven Spaltung du dich identifizierst.

Der Positiv-Negativ-Schritt ist schlicht der Versuch, Mangel in allen Bereichen der Beziehung auszugleichen, beispielsweise bei Geld, Sex, Kindererziehung oder Beruf. Der Positive sieht das Leben durch das große Bild. Er ist meist nicht sehr gut, wenn es um Einzelheiten geht, beispielsweise darum, welche Mittel notwendig sind, um etwas zu erreichen. Der Negative weiß genau, was notwendig ist, um eine bestimmte Sache zu erreichen. Positive sind gute Problemlöser. Negative sind gute Problemfinder. Der Negative weiß, dass eine Schlange im Gras liegt und wo sie zu finden ist, auch wenn dies erst in einem halben Jahr der Fall ist. Der Positive ist gut darin, sich der Schlange zu entledigen, sobald man ihn auf sie aufmerksam macht. Verpflichtung zur Gleichheit ist das Mittel, das sowohl das Positiv-Negative integriert als auch neues Gleichgewicht entstehen lässt, und zwar nicht nur in der Beziehung, sondern auch in jedem Partner. In einer Beziehung kann es nur dort Leblosigkeit oder Kampf geben, wo es einen Mangel an Gleichheit gibt. Gleichheit ist also eine der Antworten, die eine Beziehung erfolgreich werden lassen.

Die dritte Situation – Die tote Zone heilen

Wir alle gehen in unserem Leben und in unseren Beziehungen durch Phasen der Leblosigkeit, aber das muss nicht so sein. Wenn du weißt, wie du diese Flauten heilen kannst, wirst du deine Beziehung nicht gleich beenden, wenn du an einem toten Punkt ankommst. Stattdessen kannst du dich der Veränderung verpflichten. Die tote Zone ist der letzte Verteidigungsgraben des Egos, um uns daran zu hindern, zum Stadium der Partnerschaft in Beziehungen zu gelangen. Dennoch ist sie letztlich nur eine Abwehr. Das Ego wirft uns hier viele seiner besten Abwehrstrategien entgegen, denn wenn wir einmal zum Stadium der Partnerschaft gelangen, dann steigen die Chancen, dass wir Erfolg, Nähe und Fluss erfahren. Sie alle verringern den Einfluss, den das Ego auf uns hat.

Im Stadium des Machtkampfs haben wir gelernt, uns in Partnerschaft zu verbinden und über den Kampf hinauszugelangen. Im Stadium der toten Zone versucht das Ego, sie durch eine vorgetäuschte Form der Partnerschaft zu ersetzen, die Verschmelzung oder Co-Abhängigkeit ist. In Wirklichkeit sind es Formen der Aufopferung, die wir seit unserer Kindheit mit uns herumtragen. Wie im Stadium des Machtkampfs der Versuch, unseren Partner zu benutzen, um unsere Bedürfnisse erfüllt zu bekommen oder unser Besonderssein zu beweisen, so ist Aufopferung die Nemesis im Stadium der toten Zone.

Aufopferung

Aufopferung ist eine Abwehr, die Schuld und Unwürdigkeit kompensieren soll, die aber sowohl deine Abhängigkeit als auch deine Unabhängigkeit verbirgt. Wenn du dich aufopferst, dann tust du Dinge für andere Menschen, gibst aber niemals wirklich, und das ist der Grund, weshalb du nicht empfangen kannst. Aufopferung rührt auch daher, dass du dich nicht selbst gibst, wenn du etwas für einen anderen Menschen tust. Tun, ohne zu geben, ist eine Rolle, die Leblosigkeit hervorruft. Geben und Empfangen sind dagegen untrennbar miteinander verbunden und bewirken immer, dass Fluss entsteht. Aufopferung, die eine Kompensation ist, um Unwürdigkeit und Schuld zu verbergen, will jetzt verlieren, damit sie später gewinnen kann, um zu beweisen, dass du moralisch der bessere Mensch bist und infolgedessen den Konkurrenzkampf gewinnst. Wenn du dich aufopferst, dann willst du etwas geben, das wenig Wert besitzt, um von einem anderen Menschen etwas zu bekommen, das Wert hat. Aufopferung ist ein Versuch, dich selbst zurückzuhalten, indem du die Ausrede benutzt, etwas für deinen Partner tun zu müssen.

Aufopferung ist eine Form von Rückzug, der letzten Endes eine Form von Angriff ist. Sie beginnt in der Kindheit, um Schuld zu kompensieren, und ist in die größte Verschwörung eingebunden, die es gibt, nämlich die Familienverschwörung. Der Kern jeder Verschwörung birgt die Ausrede, deine Lebensaufgabe oder deine Bestimmung nicht erfüllen zu müssen, die darin besteht, zu erwachen. Aufopferung ist auch ein Teil des kollektiven Unbewussten der Menschheit. Sie ist lange Zeit mit Liebe verwechselt worden. Denke daran, dass alles, was durch Aufopferung erreicht wird, auch ohne sie hätte erreicht werden können.

Aufopferung und Rollen

Wenn wir eine Beziehung erfolgreich machen wollen, dann ist es wichtig, dass wir Aufopferung zugunsten von echtem Geben und Empfangen aufgeben. Jede Rolle, die du spielst, ist auf Aufopferung aufgebaut, und immer dann, wenn du in deiner Familie die Verbundenheit verloren hattest, hast du angefangen, eine Rolle der Abhängigkeit, der Unabhängigkeit oder der Aufopferung auszuleben. Deine zahllosen Rollen sind alle Kombinationen aus diesen drei wichtigsten Rollen. Sofern du nicht aus der legendären verbundenen Familie stammst, bauen alle deine Familiendynamiken auf deinen Rollen und damit auf Aufopferung auf, die nicht zulässt, dass du empfängst, sondern vielmehr insgeheim fordert oder gibt, um zu bekommen. Deine Aufopferung – oder dein Nicht-Empfangen – rühren sowohl von deiner Angst vor dem Empfangen als auch von deiner Angst vor Nähe her. Aufopferung ist sowohl ein Weg, um deiner Familie zu helfen, als auch Selbstbestrafung für die unterbewusste Schuld, die du in Bezug auf deine Familie empfindest.

Aufopferung sabotiert Partnerschaft. Wenn du durch Aufopferung überlastet und erschöpft bist, führst du eine Situation herbei, die den nächsten, vielversprechenden Schritt in deiner Beziehung oder deiner beruflichen Laufbahn scheitern lässt, weil der nächste Schritt für dich nicht größeren Erfolg und Fluss, sondern eine größere Bürde, größere Erschöpfung und mehr Arbeit bedeutet.

Jede Rolle ist eine Form von Aufopferung, und Aufopferung gehört zu den drei Hauptrollen, die wir spielen. Stelle dir vor, dass jede Rolle, die du hast, eine Rüstung ist. Sie hindert dich nicht daran, Dinge zu tun, verhindert aber ganz gewiss Nähe und Empfangen. Wir alle haben viele hundert solcher Rollen, und sie erschöpfen uns. Eine Rolle bedeutet, dass wir das Richtige aus dem falschen Grund tun. Du tust etwas nicht, weil es wahr ist, sondern weil du meinst, es tun zu müssen. Es ist einfach, eine Rolle zu heilen, sobald du dir ihrer bewusst wirst. Du entscheidest dich einfach dafür, etwas zu tun, statt es zu tun, weil du meinst, es tun zu müssen. Deine Entscheidung macht es zu einem Akt authentischen Gebens statt zu etwas, das du aus einer Rolle oder aus einer Pflicht heraus tust. Diese Entscheidung bringt deine Beziehung aus der Leblosigkeit heraus und in den Fluss zurück.

Es ist wichtig zu wissen, dass wir entweder den Schmerz unserer Herkunftsfamilie oder die Leblosigkeit von Rollen benutzen, um uns vor uns selbst, unserem Partner und unserer Aufgabe zu verstecken. Rollen geben uns die Möglichkeit, klein zu bleiben und so echter Führerschaft und Vision aus dem Weg zu gehen.

Der Schritt der ödipalen Verschwörung

Während deine Entwicklung dich durch den **Schritt der Rollen** in der toten Zone hindurchführt, gibt es andere wichtige Themen, wie etwa die ödipale Verschwörung, mit denen du dich befassen musst. Die ödipale Verschwörung ist zwar unterbewusst, tritt jedoch in Form von Leblosigkeit, Dreiecksbeziehungen oder Beziehungslosigkeit zutage. Sie gehört zu den besten Verschwörungen, die das Ego sich ausgedacht hat, um uns von Partnerschaft fernzuhalten. Wenn die ödipale Verschwörung außerdem in die Familienverschwörung eingebunden ist, dann hat das Ego seine zwei mächtigsten Verschwörungen gegen dich ausgerichtet. Du bleibst in Familienrollen gefangen, um die Gefühle des Versagens zu kompensieren, die du bei dem Versuch, deine Familie zu retten, erfahren hast, und willst dich außerdem nicht den sexuellen Gefühlen stellen, die vorhanden waren, als die Verbundenheit verloren ging und der Konkurrenzkampf der Rollen begann. Diese beiden Verschwörungen haben dafür gesorgt, dass echte Partnerschaft die Ausnahme und nicht die Regel ist.

Die ödipale Verschwörung rührt von verlorener Verbundenheit her und wird auf Ahnenebene von Generation zu Generation weitergegeben. Verlorene Verbundenheit bewirkt, dass Mangel entsteht und ein Konkurrenzkampf um Liebe und Aufmerksamkeit entbrennt, und sie führt auch dazu, dass Liebe und Sex voneinander getrennt werden. Sie ruft Schuld hervor und sorgt dafür, dass Sex entweder verdrängt oder übertrieben wird.

Der Schritt von Fels und Sumpf

Nach der ödipalen Verschwörung folgt der **Schritt von Fels und Sumpf**, in dem ein Partner heroisch, aufopferungsvoll und dissoziiert ist, während der andere Partner sich ungeliebt fühlt und in höherem Maße emotional schwelgt und bedürftig ist. Dieser Schritt darf nicht mit der Unabhängigkeit-Abhängigkeit im Stadium des Machtkampfs verwechselt werden. Der Fels ist die Geschichte, die davon handelt, wie du als Kind dein Leben aufopfern musstest, um allen anderen Menschen zu helfen. Der Sumpf ist die Geschichte, die davon handelt, wie du als Kind nicht geliebt wurdest. Der Fels ist also auf der Suche, um seine Unschuld zu finden und es endlich richtig zu machen, während der Sumpf auf der Suche ist, um die Liebe zu finden, die er niemals gegeben hat.

Der Fels findet seinen Sumpf, aber irgendwie kann er es dem Sumpf niemals recht machen. Der Sumpf hingegen muss Liebe geben, damit er sich geliebt fühlen kann. Dies ist eine weitere große Falle des Egos, um euch voneinander fernzuhalten, wenn ihr versucht, eine Beziehung zueinander zu finden.

Der Schritt der Konkurrenz

Wenn der **Schritt der ödipalen Verschwörung** und der **Schritt von Fels und Sumpf** in hinreichendem Maße geheilt wurden, dann erkennst du, dass sie von einer einzigen Dynamik zusammengehalten werden, und das ist Konkurrenz. Konkurrenz ist eine der großen Wurzeln von Leblosigkeit, weil du dich zurückziehst, um nicht zu verlieren, und dabei nicht erkennst, dass das Gefühl der Leblosigkeit der Inbegriff des Verlierens ist. Die Alternative, die das Ego dir dazu anbietet, besteht darin, dich anzutreiben, damit du gewinnst. Dadurch entsteht Gier ohne die Fähigkeit, das, was du tust, wirklich zu genießen. Du baust ein Imperium auf, um dein Ego zu befriedigen, aber es kostet dich Liebe und Vergnügen. Konkurrenz beruht auf einem Gefühl von Mangel, das wiederum auf den Verlust der Verbundenheit in deiner Ursprungsfamilie zurückgeht. Die verlorene Verbundenheit und die im Entstehen begriffene Konkurrenz werden auf Ahnenebene weitergegeben. Du benutzt Konkurrenz, um zu beweisen, dass du der Beste und etwas ganz Besonderes bist und es deshalb verdient hast, dass deine Bedürfnisse vor allen anderen erfüllt werden.

Angst vor dem nächsten Schritt

Der letzte Schritt auf dem Weg durch die tote Zone ist **Angst vor dem nächsten Schritt**. Sie ist die Wurzeldynamik, die allen Schritten in der toten Zone zugrunde liegt. Das Ego konnte sie als Falle benutzen, weil du dich nicht nur vor dem nächsten Schritt, sondern auch vor dem nächsten Stadium in deinem Leben gefürchtet hast. Du hattest das Gefühl, weder damit noch mit der Nähe und dem Erfolg umgehen zu können, die damit verbunden sind. Angst vor dem nächsten Schritt ist eine der Schlüsseldynamiken an der Wurzel jedes Problems. Sie hat weniger mit der Angst zu tun, dass die Dinge schlimmer werden könnten, als vielmehr mit der Angst, dass du nicht damit umgehen kannst, wie wunderbar der nächste Schritt sein wird.

Meine Frau und ich haben jeden einzelnen Beziehungsschritt erfahren, erforscht und untersucht, aber später haben wir gelernt, welche Abkürzungen es gibt und wie man viel Zeit sparen kann, während man durch jeden dieser Schritte hindurchgeht. Die wichtigste Abkürzung, um durch die tote Zone zu gelangen, funktioniert auch, um durch das Stadium des Machtkampfs zu gelangen. Dabei kann man nicht nur ein einziges Problem, sondern gleich eine ganze Reihe von Problemen überwinden. Statt über einen problematischen Berg zu gelangen, besitzt das Prinzip der Heilung, das ich dir gleich vorstellen werde, die Fähigkeit, dich gleich über eine ganze Bergkette an Problemen zu bringen. Im *Unabhängigkeits-Abhängigkeits-Schritt* gibt es zum Beispiel zwischen 300 und 3.000 Lektionen zu lernen, immer abhängig davon, ob du eine kompatible oder leidenschaftliche Beziehung hast. Das kann viel Zeit in Anspruch nehmen. Ich kenne ein leidenschaftliches Paar, das sogar nach jahrzehntelanger Ehe noch immer mit dem *Unabhängigkeits-Abhängigkeits-Schritt* beschäftigt war. Beruflich waren sie erfolgreich, aber ihre Beziehung stand oft unter Druck und war manchmal sogar ein regelrechtes Chaos. Das wirkte sich auf alle Menschen in ihrer Umgebung aus und drohte regelmäßig alles zu zerstören, was sie aufgebaut hatten.

Das Prinzip der Heilung, das ich dir gleich zeigen werde, bietet dir nicht nur eine Abkürzung, wenn es darum geht, diese Lektionen zu bewältigen, sondern ist auch das Prinzip, das dich die Wahrheit herausfinden lässt, ob du die Beziehung fortsetzen oder beenden sollst. Alles, was du brauchst, um dieses Prinzip anzuwenden, ist der Mut, die Wahrheit zu erfahren und frei zu sein. Zuvor wollen wir jedoch ergründen, was vor sich geht, wenn wir uns elend fühlen.

Elend

Manchmal kann es passieren, dass du dich in deiner Beziehung so elend fühlst, dass du nicht mehr erkennen kannst, ob es richtig ist, sie fortzusetzen oder nicht. Sehr oft werden Beziehungen nicht deshalb aufgegeben, weil sie zu Ende gehen sollten, sondern weil einer der Partner sich elend fühlt. Vergiss dabei nicht, dass dein Partner, wenn er sich elend fühlt, nicht nur deine eigenen Selbstkonzepte auslebt, sondern dass es zudem einem verborgenen Zweck dient, wenn einer von euch sich – oder ihr beide euch – elend fühlt.

Elend ist eine Erfahrung im Leben und in Beziehungen, in denen du das Gefühl hast, am Boden zerstört zu sein, und dich außerstande siehst, deine Situation positiv zu beeinflussen. Du hast das Gefühl, dass du einer überwältigend schmerzhaften Situation ausgeliefert bist. Elend bedeutet, dass die Situation meist erst einmal schlimmer wird, bevor sie besser werden kann. Ein solches Elend kann zur größten Prüfung in deinem Leben werden, auch wenn es normalerweise eine Vorgeschichte in der Kindheit gibt. Obwohl es sehr hilfreich sein kann, dorthin zurückzukehren und alle Muster zu heilen, die mit Elend zu tun haben, können diese Muster jedoch so zahlreich sein, dass eine gewöhnliche Therapie möglicherweise viele Jahre brauchen würde, um sie aufzulösen. Sogar beschleunigte Heilmethoden könnten selbst dann Wochen konzentrierter Arbeit erfordern, wenn du deine Aufmerksamkeit einzig und allein darauf ausrichten würdest, diese Muster Schicht um

Schicht zu klären. Dennoch kannst du Zeit sparen, indem du zu den Kernmustern gehst, die alle anderen Muster antreiben und die in deinem Elend zum Ausdruck kommen.

Elend hat vor allem mit Verlust zu tun. Es gibt einen Ort in dir, an dem du traurig, deprimiert und entmutigt bist. Das heißt, dass es einen Verlust gibt, von dem du dich nicht erholt oder den du nicht überwunden hast. Es gibt Tränen, die noch nicht geweint sind. Aus dem Blickwinkel der Heilung dient Verlust dazu, eine Geburt auf einer völlig neuen Stufe zu bewirken. Er soll ein Neuanfang auf einer höheren, nachhaltigeren Stufe sein. Jeder Verlust zeigt, dass das, worauf du dich verlassen hast, dich nicht erhalten konnte. Wenn du trauerst oder den Verlust loslässt, dann bist du wieder auf dem Weg zu einem besseren Ort. In einer Beziehung könnte dies der Verlust dessen sein, was du in deinem Partner gesehen hast oder was die Beziehung hätte sein können. An einem Verlust festzuhalten ruft Depression hervor. Ihn loszulassen führt eine Wiedergeburt in deinem Leben herbei. Immer wenn du loslässt, gelangst du auf eine neue und bessere Stufe. Die Alternative zum Loslassen besteht darin, in die Richtung von Depression, Niederlage und schließlich Tod zu gehen. Im Elend tauchen nicht nur *Geschichten des Verlusts*, *Geschichten der Depression* und *Geschichten des Festhaltens* auf, sondern genau diese Aspekte auch in Form von Verschwörungen. Es kann sein, dass außerdem auch noch *Geschichten der Tragödie* oder *Geschichten des Grauens* am Werk sind. Diese Geschichten sind unbewusste Muster. Sie müssen losgelassen werden, wenn du vom Elend frei sein willst. Gegenwärtiges Elend weist meist auf einen kürzlich erlittenen Verlust hin, der alten Verlust verstärkt.

Aus Sicht der Heilung – die in einer solchen Situation die einzig erfolgreiche Sicht ist – kannst du einen kürzlich erlittenen Verlust benutzen, um Verlustmuster aus deiner Kindheit zu klären. Wenn zum Beispiel eine außenstehende Person in deine Beziehung verwickelt ist, dann ist dieses Dreieck eine Fortsetzung des Konkurrenzkampfs, den du in der Kindheit mit einem Elternteil geführt hast. Das jetzige Dreieck geht zurück auf die ursprüngliche Dreiecksbeziehung mit deinen Eltern. Elend und Hilflosigkeit, die du jetzt erfährst, spiegeln fast immer Elend und Hilflosigkeit aus der Kindheit wider. Hilflosigkeit in der Gegenwart spiegelt die Hilflosigkeit wider, die du als Kind empfunden hast, als es darum ging, die Situation in deiner Familie zu verändern.

Das Elend, das du jetzt empfindest, kannst du nutzen, um unbewusste Muster zu heilen, zu denen Glaubenssysteme, dunkle Geschichten, Schatten, Verschwörungen und Idole gehören. Darüber hinaus kannst du nicht nur Ahnenmuster und Muster aus früheren Leben klären, sondern auch die tieferen Ebenen des kollektiven Unbewussten, des kollektiven Egos, des Astralen oder dunklen Übernatürlichen und schließlich des Sündenfalls oder der ersten Trennung.

Drei Übungen, um Elend zu heilen

Zentrierung

Die erste Übung ist eine Übung der Zentrierung, die du benutzen kannst, um viele tiefe Muster zu heilen, die dich festhalten. Bitte den Himmel um Hilfe. Bitte dein höheres Bewusstsein, Jesus, Buddha, Gott oder denjenigen, der in deiner geistigen Mitte stehen soll, um seine Hilfe. Deine Mitte ist ein Ort des Friedens und der Gnade, der das Tor zur Ewigkeit ist.

Frage dich:

Zu wie viel Prozent hat dieses Elend mich aus meiner Mitte geworfen?

Derjenige, der in deiner geistigen Mitte steht, ruft *dich* nun in diese Mitte zurück.

Nachdem du in deine Mitte zurückgekehrt bist, frage dich:

Wenn ich wüsste, zu wie viel Prozent meine Glaubenssysteme dafür sorgen, dass ich im Elend feststecke, dann sind es vermutlich ....

Dein höheres Bewusstsein bringt alle diese Glaubenssysteme nun zurück in deine Mitte, wo sie mit dem Frieden verschmelzen, der dort herrscht.

Frage dich dann:

Zu wie viel Prozent sorgen meine unterbewussten Muster dafür, dass ich im Elend feststecke?

Dein höheres Bewusstsein ruft alle diese unterbewussten Muster nun zurück in deine Mitte, wo sie mit dem Frieden verschmelzen, der dort herrscht.

Frage dich nun:

Zu wie viel Prozent tragen meine vielen dunklen Geschichten zu meinem Elend bei? Es sind vermutlich etwa ....

Dein höheres Bewusstsein ruft sie in deine Mitte zurück.

Frage dich dann:

Wie viele Schattenfiguren tragen zu meinem Elend bei?

Dein höheres Bewusstsein ruft auch sie in deine geistige Mitte zurück.

Frage dich nun:

Zu wie viel Prozent tragen Verschwörungen zu meinem Elend bei? Vermutlich sind es etwa ....

Dein höheres Bewusstsein ruft sie in deine Mitte zurück, damit sie dort integriert werden können.

Frage dich als Nächstes:
Wie viele Idole oder falsche Götter habe ich fälschlicherweise angebetet, die zu meinem Elend beigetragen haben?

Dein höheres Bewusstsein ruft diese Idole in deine Mitte zurück, damit sie geheilt werden können.

Frage dich dann:
Wenn ich wüsste, zu wie viel Prozent meine Ahnenmuster ein Teil meines Elends sind, dann sind es vermutlich etwa ....

Dein höheres Bewusstsein bringt auch sie in deine Mitte zurück, damit sie mit dem Frieden verschmelzen können, der dort herrscht.

Frage dich nun:
Wenn ich wüsste, wie viele „andere Leben" mein jetziges Elend vergrößern, dann sind es vermutlich etwa ....

Dein höheres Bewusstsein bringt sie in deine Mitte zurück, damit sie Teil deiner Ganzheit werden.

Frage dich:
Wenn ich wüsste, zu wie viel Prozent das kollektive Unbewusste zu meinem Elend beigetragen hat, dann sind es vermutlich etwa ....

Dein höheres Bewusstsein bringt diesen Prozentsatz in deine Mitte zurück, damit er zu Licht zerfließt und Teil deiner Ganzheit wird.

Frage dich dann:
Zu wie viel Prozent trägt das kollektive Ego – das zügellose Prinzip der Trennung – zu meinem Elend bei? Es sind vermutlich etwa ....

Dein höheres Bewusstsein ruft diesen Prozentsatz zur Einheit in deiner geistigen Mitte zurück.

Frage dich als nächstes:

Zu wie viel Prozent trägt das Astrale oder dunkle Unbewusste zu meinem Elend bei? Es sind vermutlich etwa ....

Dein höheres Bewusstsein bringt auch diesen Prozentsatz in deine Mitte zurück, damit deine Zuversicht wachsen kann.

Frage dich als nächstes:

Wenn ich wüsste, zu wie viel Prozent der Sündenfall oder die erste Trennung mein Elend beeinflussen, dann sind es vermutlich etwa ....

Dein höheres Bewusstsein ruft auch diese ursprüngliche Trennung in deine Mitte zurück, um sie zu heilen und Teil deiner Ganzheit werden zu lassen.

Wenn das alles vollbracht ist, frage dich:

Welche Seelengabe habe ich mitgebracht, um sie mir als Abschlussgeschenk selbst zu überreichen?

Öffne dein Herz, deinen Geist und deine Seele, um diese Gabe zu empfangen.

Frage dich dann:

Welche Gabe hält der Himmel für mich bereit, die er mir zu dieser Neugeburt in meinem Leben schenken will?

Empfange die Gabe für diesen Neubeginn in deinem Leben.

Trennung heilen

Eine zweite Übung, die sich anbietet, wenn es darum geht, Elend zu beseitigen, besteht darin, herauszufinden, welches Ereignis du in deiner Kindheit benutzt hast, um Trennung herbeizuführen. Es hat dich dir selbst, allen anderen Menschen, deinem Geist und Gott entfremdet. Der Ursprung liegt in einer Reihe von *Geschichten der Trennung*, die dunkel und schmerzhaft waren. Meist beschwerst du dich in diesen Geschichten darüber, dass deine Eltern – oder ein Elternteil – deine Bedürfnisse nicht erfüllt, dich nicht beschützt oder dich nicht glücklich gemacht haben. Unter deinem Elend handelt die Geschichte von nichts anderem als von deinem Besonderssein. Das ganze Muster basiert darauf, dass die Welt sich ändern muss, um dich glücklich zu machen. Dies ist ein Muster des Klagens und des Opferseins. Du hast dieses Ereignis benutzt, um die Verbundenheit mit deinen Eltern, deiner Aufgabe und deiner Bestimmung zu brechen. Das hat wiederum ein Muster in Gang gesetzt, das schließlich zu deinem Elend geführt hat.

Frage dich nun:

Wenn ich wüsste, wie alt ich war, als dieses Schlüsselereignis begann, dann war es vermutlich, als ich .... Jahre alt war.

Wenn ich wüsste, wer daran beteiligt war, dann war es vermutlich ....

Wenn ich wüsste, was geschehen ist, dann war es vermutlich ....

Wenn ich wüsste, welche Entscheidung ich getroffen und wie ich dieses Ereignis benutzt habe, um Trennung herbeizuführen, dann war es vermutlich ....

Wenn ich wüsste, welche Auswirkung dies auf mein Leben gehabt hat, dann war es vermutlich ....

Wenn ich wüsste, wozu ich das Ereignis in meinem Leben benutzt habe, dann hat es mir vermutlich erlaubt, ...

Wenn ich wüsste, was ich nicht tun musste, indem ich dafür gesorgt habe, dass dieses Ereignis in meinem Leben geschieht, dann war es vermutlich ....

Hast du das verborgene Ziel erreicht, das du verfolgt hast, indem du zugelassen hast, dass dieses schmerzliche Ereignis geschieht?

Hat es dich glücklich gemacht?

Möchtest du eine neue Entscheidung treffen angesichts der Tatsache, dass dein Elend eine Folge deiner falschen Entscheidung für die Trennung ist?

Welche Seelengabe wolltest du den Menschen bringen, die an diesem Ereignis beteiligt waren, um sowohl sie als auch dich selbst vor einer derartigen Erfahrung zu bewahren?

Welche Gabe wollte der Himmel dir geben, um den Menschen zu helfen, die mit dir an diesem Ereignis beteiligt waren?

Stelle dir vor, dass du an diesem Ort bist und die Gabe des Himmels empfängst. Öffne deine Seelengabe jetzt und teile sie mit allen Menschen, die in dieser Situation anwesend waren.

Wenn dies abgeschlossen ist, bringe das glückliche, friedliche Gefühl mit dir in den gegenwärtigen Augenblick zurück.

Den Wutanfall heilen

Eine dritte äußerst wichtige Übung besteht darin, zu erkennen, **dass die treibende Dynamik, die dem Elend zugrunde liegt, ein Wutanfall ist,** der zu einer Geschichte des Wutanfalls geführt hat. ***Die treibenden Kräfte, die einem Wutanfall zugrunde liegen, sind Rebellion und der Autoritätskonflikt.*** Wenn du erkennst, dass dein Elend eine Form von Kampf gegen deinen Partner, ehemalige Partner, deine Eltern, das Leben und Gott ist, dann kannst du eine neue Entscheidung treffen. Dein Elend ist ein anklagender Finger, der auf wichtige Menschen in deinem Leben gerichtet ist. Wenn du bereit wärst, deinen Wutanfall und deine Rebellion aufzugeben, dann könntest du den Plan annehmen, den der Himmel für dich bereithält. Ist der Preis des Elends, den du zahlst, den

Wutanfall und die Rebellion wert? Das ist die Entscheidung, die du bislang getroffen hast. Nachdem du das Problem erkannt hast, kannst du nun eine neue Entscheidung treffen. Es würde dir eine **Geschichte des Glücklichseins** bringen und zudem deine Bedürfnisse erfüllen, weil du aufhören würdest, dich der Hilfe und den Gaben des Himmels zu widersetzen. Du könntest sehen, wie du dein Elend, deine Wutanfälle und deinen Autoritätskonflikt in Gottes Hände legst.

Nimm wahr, was du im Gegenzug für dein Elend erhältst.

Sobald du das Elend überwunden hast, kannst du aus einem klareren und besser informierten Bewusstsein heraus entscheiden, ob du deine Beziehung fortsetzen willst oder nicht.

Die Methode, die dir die Antwort bringt

Die Methode, die ich dir nun vorstellen möchte, kann dich über ganze Bergketten an Schwierigkeiten in deiner Beziehung hinwegbringen. Sie bringt dir auch die Antwort, die dich erkennen lässt, ob du deine Beziehung fortsetzen sollst oder nicht. Sie besitzt die Macht, dir mit Bestimmtheit zu sagen, ob du bleiben oder gehen sollst. Der große Vorteil dieser Methode liegt darin, dass sie dir selbst für den Fall, dass es Abschied zu nehmen gilt, die Möglichkeit gibt, deinem Partner in Freundschaft verbunden zu bleiben. Niemand muss der Schurke oder das Opfer sein, um euch eine Ausrede zu liefern, die Beziehung zu beenden. Ihr braucht keine Ausrede. Ihr könnt euch einfach trennen, weil es die Wahrheit ist, einander aber dennoch unterstützen und in Freundschaft verbunden bleiben.

Wenn du eine Antwort auf die Frage finden willst, ob es der Wahrheit entspricht, deine Beziehung aufzugeben, oder eben nicht, dann brauchst du einen Weg, der dir eine sowohl wahre als auch elegante Antwort liefert. Viele Beziehungen brechen auf eine sehr unschöne Weise auseinander und erzeugen dadurch ein Muster, das früher oder später schlimme Auswirkungen haben wird. Du brauchst ein Prinzip, das dir auch dann eine wahre Antwort gibt, wenn du schon halb zur Tür deiner Beziehung heraus bist. Das Prinzip muss auch der Zeit gerecht werden, die du in die Beziehung investiert hast, damit diese Investition nicht verloren geht. Was du in deine jetzige Beziehung investiert hast, wird entweder die Grundlage für die nächste Stufe in deiner Beziehung oder für deine nächste Beziehung sein.

Das Prinzip, das du suchst, heißt **Verpflichtung**. Es ist paradox. Es bringt deine Beziehung zum nächsten Schritt voran, weil du dich deinem Partner, deiner Beziehung, dem nächsten Schritt und der Wahrheit rückhaltlos gegeben hast. Beim nächsten Schritt wird die Wahrheit klar zutage treten. *Verpflichtung* ist nicht nur machtvoll, sondern auch ermächtigend. Sie besitzt ähnliche Dynamiken wie Mühelosigkeit, Wahrheit, Freiheit und Partnerschaft, sodass das Fehlen eines dieser Elemente stets bedeutet, dass es auch keine *Verpflichtung* gibt. *Verpflichtung* ist in Wahrheit ganz einfach, denn sie ist eine Entscheidung, mit der du dich entscheidest, dich rückhaltlos zu geben. Wenn du also die Entscheidung triffst, dich deinem Partner zu verpflichten, und dein Partner für das nächste Stadium in deinem Leben noch immer dein wahrer Partner ist, dann werden du selbst, dein Partner und die Beziehung durch deine *Verpflichtung* vorangebracht. Sollte dein Partner dagegen nicht mehr dein wahrer Partner sein, endet die Beziehung auf eine denkbar mühelose Weise.

Wenn du dich deinem Partner rückhaltlos gegeben hast, er aber für das nächste Stadium in deinem Leben nicht mehr dein wahrer Partner ist, dann kommt er – meist innerhalb von sieben bis zehn Tagen – zu dir, um die Beziehung zu beenden. Dieser Abschied wird nicht dazu führen, dass du dich schlecht fühlst, denn wo alles gegeben wurde, dort gibt es kein Gefühl von Verlust, Verletzung oder Schuld. Du wirst einfach erkennen, dass es die Wahrheit ist. Es wird euch beiden ermöglichen, euch mühelos zu trennen und zu den nächsten Schritten eures Lebens und zur nächsten Beziehung voranzugehen. Selbst wenn die Beziehung bereits über den Punkt einer Entscheidung hinaus ist und ihr getrennt seid, kannst du einen mühelosen Verlauf und eine bessere Beziehung erschaffen, indem du dich deinem Partner oder dem nächsten wahren Schritt mit ihm verpflichtest.

Verpflichtung heißt nicht, dass du nach außen hin unbedingt anders mit deinem Partner umgehen musst als bisher, sondern dass du es innerlich tust und von ganzem Herzen die Entscheidung triffst, ihm rückhaltlos zu geben. Wünsche dir die Wahrheit von ganzem Herzen. Wünsche dir von ganzem Herzen den nächsten Schritt, in dem die Wahrheit offenbar werden wird. Wenn deine Beziehung wahr ist, dann wird der nächste Schritt besser, auch wenn er dich später vor eine neue Herausforderung stellt, die dich daran hindern soll, auf eine noch bessere Stufe zu gelangen. Obwohl es ein Fortschritt ist, kann es schwierig erscheinen, in der toten Zone vom *Schritt der Rollen* zum *Schritt der ödipalen Verschwörung* zu gelangen, bis dir wieder einfällt, dass du nicht mehr zu tun brauchst, als dich von ganzem Herzen deinem Partner, der Beziehung, dem nächsten Schritt und der Wahrheit zu verpflichten.

Der nächste Schritt in deiner Beziehung – und damit auch die Antwort – offenbart sich dir durch *Verpflichtung*, nicht dadurch, dass du unbedacht entweder in Richtung von Aufopferung oder von dissoziierter Unabhängigkeit rennst. Weder das eine noch das andere kann dir das Maß an innerer Freiheit, Mühelosigkeit und Fluss geben, das mit *Verpflichtung* einhergeht. *Verpflichtung* hat zudem den Vorteil, dass du Teile deiner selbst zurückgewinnen kannst, die du zu einem früheren Zeitpunkt in deinem Leben verloren oder preisgegeben hattest und die dich in die Lage versetzen, erfolgreich mit dem umzugehen, was als Nächstes auf dich zukommt. Weder dein Partner noch deine Beziehung können besser werden, ohne dass du gibst. Wenn dein Partner im Hinblick auf dich versagt, dann versagst du nicht darin, ihm wirklich zu geben, sondern beweist nur, dass du in dem Konkurrenzkampf, der deine Beziehung auf dem Gewissen hat, der bessere Mensch bist. *Verpflichtung* kann all das mühelos verändern und bringt dir die Partnerschaft, die du verdienst.

Fürchte dich nicht vor der Wahrheit oder der Freiheit, die der nächste Schritt für deine Beziehung und für dich selbst bringt. Wolle die Antwort von ganzem Herzen. Bitte um die Antwort. Deine *Verpflichtung* erlaubt es dem wahren Weg, mit größtmöglicher Mühelosigkeit zu dir zu kommen, wie immer dieser Weg aussehen mag. Ein Dilemma in einer Beziehung ist stets ein Zeichen für den **Schritt der ödipalen Verschwörung**. Es wird mühelos aufgelöst, indem du dich dem nächsten Schritt verpflichtest. *Verpflichtung* entscheidet sich nicht für eine Person, sondern für die Wahrheit mit deinem Partner **und** für den nächsten Schritt, um zu sehen, was sich entfaltet. Sie gibt sich dem nächsten Schritt rückhaltlos, und weil sie dadurch über das Dilemma hinausgeht, löst es sich auf. *Verpflichtung* konzentriert sich ganz auf den nächsten Schritt in dem Wissen, dass ein Dilemma sich von allein auflöst, sobald du an ihm vorbeigelangt bist. Ein Dilemma ist eine Abwehr gegen den nächsten Schritt, an dem die Antwort dich erwartet. Wenn du dich vor der Antwort nicht fürchtest, dann zeigt die *Verpflichtung* dir, was die Wahrheit ist.

Verpflichte dich nun von ganzem Herzen dem nächsten Schritt und warte gespannt darauf, dass das Leben sich entfaltet und dir deine Antwort zeigt.

Ich wünsche dir das Allerbeste für das Stadium, das nun kommt, denn du hast es verdient.

Teil 2

Wie du eine Beziehung verändern kannst, wenn sie nicht zu Ende ist

Die Beziehung verändern

Du hast die Macht, deine Beziehung zu verändern, auch wenn dein Partner nicht offen oder aufgeschlossen dafür ist. Das ist eine gute und aufbauende Botschaft. Um deine Beziehung zu verändern, musst du die Verantwortung dafür übernehmen, denn in deiner Beziehung geschieht nichts, ohne dass du auf einer unterbewussten Ebene willst, dass es geschieht. Das habe ich in den fast vierzig Jahren, die ich nun schon auf dem Gebiet der Heilung arbeite, gelernt. Es gibt viele falsche Gründe, warum wir keine Verantwortung übernehmen – um getrennt und unabhängig zu sein, um die Kontrolle über uns oder einen anderen Menschen zu bekommen, um einen anderen Menschen zu besiegen, der Autoritätskonflikt, müßige Wünsche, Rache, Festhalten, um eine Form des Schwelgens zu verbergen, und noch viele andere. Alle diese Dinge verbergen wir vor uns selbst. Um etwas zu verändern, musst du erkennen, dass das Verhalten deines Partners einen Zweck für dich erfüllt.

Ich habe erlebt, dass Menschen die Untreue ihres Partners entweder benutzen, um ihn „loszuwerden", oder sie als Chance erkennen, um aus ihrer Lethargie und ihrer Leugnung zu erwachen, sich selbst und ihre Beziehung in die Hand zu nehmen und zum Besseren zu verändern. Die Beziehung kann aber nur dann besser werden, wenn du hundertprozentig die Verantwortung für sie und auch für das übernimmst, was in ihr geschieht. Es stimmt natürlich, dass auch dein Partner hundertprozentig verantwortlich ist, aber wenn du deine Arbeit tust, dann fügt sich die Beziehung auf eine richtige und glückliche Weise zusammen. Wenn du deinen Partner dazu zwingen willst, seinen Teil der Arbeit zu tun, dann drangsalierst du ihn und zettelst Streit an. Außerdem weist es, wie ich bereits gesagt habe, auf einen Ort hin, an dem du nicht bereit bist, dich deiner Arbeit der Heilung zu stellen, weil du Angst davor hast. Weil du Angst hast, versuchst du, stattdessen deinen Partner dazu zu zwingen, derjenige zu sein, der diesen Schritt geht. Das zeigt dir einen Ort, an dem du Angst vor dem alten Schmerz hast, der in dir verborgen liegt, und einen Ort, **an dem du Angst vor Nähe hast**. Wenn du dich diesem Ort nicht stellst und ihn heilst, dann verhindert er, dass die Geburt stattfinden kann, die du selbst brauchst und die auch deine Beziehung braucht. Wenn du deine Arbeit wirklich tust, dann verhinderst du, dass später noch größere Schwierigkeiten und noch größerer Schmerz auf dich zukommen. Unabhängig davon, ob diese Beziehung kurz oder lange dauert, ist es, wenn du nicht glücklich bist, ihre Hauptaufgabe, Heilung zu bewirken, damit du wieder glücklich sein kannst.

Geistige Hilfe

Einer der Vorteile von Eigenverantwortung liegt darin, dass, sobald du erkennst, dass nicht dein Partner oder eine außenstehende Kraft, sondern du selbst dir das alles angetan hast, du die größte und am tiefsten verborgene Angst von allen überwindest – die Angst vor Gott. Sobald du erkennst, dass du selbst für das verantwortlich bist, was geschieht, kannst du Gott bitten, dir zu helfen. Er ist nicht länger dein Feind. Wenn du einem anderen Menschen die Schuld zuweist, dann weist du sie unbewusst auch Gott zu. Sobald du jedoch erkennst, dass alles nur ein großer Fehler war, den du begangen hast, um dein Ego zu stärken und unabhängig zu bleiben, kannst du um die Wunder bitten, die dir bereits geschenkt wurden. Dann wird deine Beziehung zu dem, was sie von Anfang an sein sollte – eine ständig wachsende Partnerschaft der Freude, die das Tor zum Einssein öffnet. Wie ich in Workshops schon oft gesagt habe, ist Psychologie der schnellste langsame Weg. Gnade ist weit schneller.

Aufgaben in der Beziehung

Ich habe viele Menschen – und meist die Frauen – darüber klagen gehört, dass immer sie es sind, die in der Beziehung die emotionale und heilende Arbeit zu leisten haben. Im Laufe der vielen Jahre, die ich auf diesem Gebiet arbeite, habe ich jedoch herausgefunden, dass ein Paar manchmal unterbewusst unterschiedliche Aufgaben in der Beziehung übernimmt. Während die Frau beispielsweise Heilung und Wachstum zur Beziehung beiträgt, steuert der Mann vielleicht Geld oder Erfolg bei. Ein Mann ist nicht dazu zu überreden, auch nur in die Nähe von Emotionen oder Heilung zu gehen, sofern er nicht auf die richtige Weise dazu motiviert und erzogen wird. Und ich sage ja immer, dass man kein Genie sein muss, um zu wissen, was einen Mann motiviert! Auch Humor ist unerlässlich, wenn es darum geht, einen Mann zu erziehen, da du ansonsten auf Widerstand treffen wirst. Die Frau ist normalerweise aufgefordert, die Regisseurin (nicht die Kontrolleurin, denn das rührt von Angst her) und Pädagogin in der Beziehung zu sein. Der Mann übernimmt dann andere Aufgaben, um die Beziehung zu fördern. Wenn du deinen Mann auf wahre Weise inspirierst, wird er dein wahrer archetypischer Held sein. Er übernimmt die Rolle des **End** – um es in Begriffen aus dem American Football auszudrücken –, während deine Rolle der **Quarterback** ist, das heißt, er fängt deine Pässe und erzielt die Tore.

Zu den Dingen, die ich in meiner langjährigen Arbeit als Eheberater festgestellt habe, gehört unter anderem, dass, wenn eine Beziehung nicht funktioniert, die Frau – deren Aufgabe innerhalb der Beziehung darin besteht, den Mann zu erziehen und zu lenken – in irgendeiner Weise versagt hat. Meist geschieht dies, weil etwas anderes ihr wichtiger ist als ihr Partner und ihre Beziehung. Ich habe herausgefunden, dass es wahr ist, ungeachtet zahlloser Proteste, die das Gegenteil behaupten. Die Aufgabe der Frau leugnet in keiner Weise die hundertprozentige Verantwortung, die beide Partner für die Beziehung und ihren Erfolg tragen, wirft aber ein gewisses Licht auf das, was in der Beziehung geschieht. Oft sind die Klagen der Frau über mangelnde Gerechtigkeit nur eine fadenscheinige Abwehrstrategie, um in einen Konkurrenzkampf zu treten oder Forderungen zu stellen, und das bedeutet, dass sie dem Beitrag ihres Partners zu der Beziehung keinen Wert beimisst.

Prinzipien der Heilung

Es ist deine Wahl

Ein weiteres Prinzip, das ich bei meiner Arbeit als Eheberater und persönlicher Coach gelernt habe, ist eng mit dem Prinzip der Eigenverantwortung verknüpft. **Diese Beziehung entwickelt sich genau so, wie du es willst.** Ich habe sehr oft erlebt, dass es Menschen ungeachtet der negativen Einstellung oder des negativen Verhaltens ihres Partners gelungen ist, das Wesen ihrer Beziehung zu verändern. Durch Hingabe und das Prinzip, dass alles miteinander verbunden ist und ihr Partner einen Aspekt ihrer selbst und ihrer Selbstkonzepte darstellt, haben sie es geschafft, ihre Beziehung zu transformieren. Andererseits habe ich im Laufe der Jahre auch mit Klienten gearbeitet, die zwar sagten, dass sie ihre Beziehung fortsetzen wollten, bei denen dann aber doch bislang verborgene Anteile ihres Bewusstseins zutage traten, die zeigten, dass sie die Beziehung letztlich nicht mehr weiterführen wollten.

Deine Entscheidungen bestimmen den Erfolg deiner Beziehung. Dazu gehören auch unterbewusste und unbewusste Entscheidungen. Du bist verantwortlich für dein Leben und dein Denken. Du bist sogar verantwortlich dafür, welche Seelenmuster du in dieses Leben mitgebracht hast. Deine Seelenmuster haben deine Kindheit zu dem gemacht, was sie war, und wirken sich jetzt auf deine Beziehung aus. Betrachte dein Leben aus dieser neuen Perspektive. Alle schlechten Dinge, die passiert sind, waren nur deine Ausrede, um unabhängig zu sein und deinen Willen durchzusetzen. War es den Preis des Schmerzes wert? Wenn du dir diese unterbewussten Gewinne einmal bewusst anschaust, hättest du an ihrer Stelle dann nicht doch lieber Liebe und Erfolg? Sie sind das, was der Himmel dir geben will, sodass es einen mühelosen Weg geben muss, sie zu erlangen. Dieser Weg liegt so nahe wie dein Partner und deine Absicht, dich in der Wahrheit mit ihm zu verbinden, anstatt ihn dazu bringen zu wollen, deine verborgenen, selbstschädigenden Selbstkonzepte auszuleben. Du kannst sie aufgeben und stattdessen Nähe haben.

Wenn dein Partner also auslebt, was du verborgen hast, dann kann sein Verhalten dir zeigen, was dich zurückhält. Keiner außer dir selbst schadet dir, und jede negative Sache, die zutage tritt, dient dir, denn sie gibt dir die Möglichkeit, das zu heilen, was bislang verborgen war.

Das wäre nicht wahr, wenn Heilung keinen so wichtigen Anteil am Glücklichsein hätte. Negative Dinge, die geschehen, sind ein Zeichen dafür, dass eine sehr wichtige Sache der Heilung bedarf. Heilung ist das, was Probleme in Gaben transformiert und was eine bedrängte Beziehung zu neuen Stufen des Glücklichseins führt. Was in deiner Beziehung schief läuft, ist das, was du in dir selbst bereinigen kannst und musst. Die meisten dieser Dinge hättest du niemals entdeckt, wenn du sie nicht auf deinen Partner projiziert hättest.

Sei dir bewusst, was du tust

Wenn deine Beziehung erfolgreich sein soll, dann braucht es dazu Gnade und deine Bereitschaft, dich auf einer neuen Stufe zu gebären. Je mehr du deinen Partner drangsalierst, damit er deine Bedürfnisse erfüllt, umso mehr ist dies ein Zeichen dafür, dass du deine Integrität verloren hast, sodass deine Beziehung nicht erfolgreich sein kann. Deine Forderungen zeigen, dass du von deinem Partner erwartest, für dich das zu tun, was du weder für dich selbst noch für ihn tust. Damit kannst du niemals Erfolg haben. Wenn deine Beziehung tatsächlich einen Wert für dich hat und es dir nicht nur darauf ankommt, deine Bedürfnisse erfüllt zu bekommen, dann bist du bereit, dich zu heilen und neu zu gebären, damit du die Beziehung auf eine neue Stufe führen kannst. Ein anderer häufiger Fehler, der durch mangelnde Bewusstheit begangen wird, besteht darin, dass der bedürftige Partner Abhängigkeit mit Liebe verwechselt. Sobald dieser Partner aber ein Stadium der Unabhängigkeit erreicht, merkt er, dass seine Erfahrung dem unabhängigen Zustand seines Partners gleicht, und dann kann er die Beziehung entweder annehmen oder aufgeben.

Damit deine Beziehung erfolgreich wird, ist es erforderlich, dass dein Partner dir wichtiger ist als deine Bedürfnisse, deine Unabhängigkeit oder die gefühlte Sicherheit der Aufopferung. Dies sind Verteidigungsstrategien. In der Abhängigkeit versuchst du, von deinem Partner zu nehmen und ihn zu besitzen. In der Unabhängigkeit widersetzt du dich dem Versuch deines Partners, von dir zu nehmen und dich zu besitzen. In der Aufopferung spielst du eine Rolle, in der du über oder unter deinem Partner stehst, ihm aber nicht ebenbürtig bist, um größere Nähe zu vermeiden. Du musst über diese Rollen hinausgelangen. Sie weisen auf die Verletzungen hin, die du noch immer in dir trägst. Unabhängigkeit ist die Abwehr gegen alten Schmerz. Das Maß deiner Unabhängigkeit zeigt genau, wie groß das Maß an Angst, Bedürfnis, Herzensbruch und Schuld ist, das du noch immer kompensierst. Ehrlichkeit gegenüber dir selbst im Hinblick darauf, was diese Rollen verbergen, ist also ein Schlüssel dafür, dass deine Beziehung erfolgreich wird.

Keine Geschichten vom „guten Jungen"
und „bösen Jungen"

Wenn du deinen Partner zu einem „bösen" Jungen und dich selbst zum „guten" Jungen machst, der unschuldig zum Opfer wurde, dann bist du nicht nur naiv, sondern täuschst dich selbst. Geißele dich nicht, wenn du die vielen geheimen Tagesordnungen entdeckst, die dir dauernd Geschichten vom „guten Jungen" und vom „bösen Jungen" erzählen. Darüber hinaus ist es wichtig, darauf zu achten, ob du alle Männer oder alle Frauen unwiderruflich zu „bösen Jungs" gemacht hast. Es sind unwahre Geschichten, die du erfunden hast und die etwas untermauern, das du zu beweisen versuchst. Was immer du beweisen willst, das benutzt du, um dir eine Ausrede zu verschaffen. Wo du Ausreden benutzt, dort „zeigst" du dich nicht in hinreichendem Maße, um erfolgreich zu sein.

Fass dir an die eigene Nase

Wenn du nicht nach innen blickst und dir deiner selbst bewusst wirst, dann wirst du irgendwann viel leiden und dich viel beklagen, aber in Beziehungen wirst du keinen Erfolg haben. Sei bereit, dir im Hinblick auf deine Kleinlichkeit, deine Manipulationen und deine Fehler an die eigene Nase zu fassen. Wenn du mit deinem Partner auf dieser Ebene kommunizierst, dann bedeutet deine Ehrlichkeit, dass du für die Beziehung und nicht nur für dein Ego kämpfst. Dein Ego will verhindern, dass deine Beziehung wirklich erfolgreich ist, weil dein Ego das Prinzip der Trennung ist und deine Beziehung, wenn sie richtig eingesetzt wird, dein Ego zum Schmelzen bringt. Entscheide dich also jetzt, ob du dein Ego oder deine Beziehung stärken willst! Willst du dich selbst und deinen Partner lieben, oder willst du in dein Ego investieren? Willst du etwas Besonderes sein, oder willst du Nähe? Willst du deinen Partner wirklich kennen und glücklich sein, oder willst du Recht haben? Du kannst nicht beides. Selbst wenn dein jetziger Partner nicht dein Lebenspartner ist, so ist dennoch jeder Schritt, den du gehst, und jedes Problem, das du löst, ein Stück Arbeit, das du bereits erledigt hast, wenn du irgendwann deinem wahren Partner begegnest. Werde dir selbst gegenüber also ehrlich. Die Wahrheit lässt nicht zu, dass du leidest. Wahrheit ist Verbundenheit. Gott ist Wahrheit, und es ist nicht sein Wille, dass du leidest. Wie könnte die höchste

Liebe wollen, dass du leidest? Das Ego, dessen Wille es ist, dass wir leiden, hat viel Zeit damit verbracht, Gott die Schuld für die Probleme zuzuweisen, die es selbst verursacht hat.

Konkurrenz heilen

Denke daran, dass alles, was in deiner Beziehung geschieht, das Ergebnis einer geheimen Absprache ist. Würdest du deine Seite transformieren, zöge dein Partner den Nutzen aus dem Schritt, den du gehst. Es ist ganz einfach, deinem Partner die Schuld zu geben und auch noch alle anderen Leute dazu zu bringen, mit dir der Meinung zu sein, dass er sich wie das südliche Ende eines nach Norden laufenden Esels benimmt. Diesem Verhalten würde es aber an Integrität fehlen, und du selbst und deine Kinder würden den Preis dafür bezahlen. Versagt dein Partner, dann beweist das allen Leuten, dass du den Konkurrenzkampf gewinnst. Übt er ein höheres Maß an Kontrolle aus, weil seine Angst größer ist, dann beweist das, wie sehr du ihm moralisch überlegen bist, obwohl du vielleicht die Position des Verlierers innehast. Vielleicht benutzt du auch die Negativität deines Partners, um die Kinder auf deine Seite zu ziehen, aber diese Form der verborgenen – oder nicht so verborgenen – Konkurrenz hat in Beziehungen eine tödliche Wirkung. Wenn du Partnerschaft willst, dann musst du über Gewinnen, Verlieren und Beweisen hinaus an einen Ort der Gleichheit gelangen, der es allen ermöglicht, in allen Bereichen zu gewinnen.

Die durch Konkurrenz geprägte Beziehung, die ihr beide mit euren Eltern – oder zumindest mit einem Elternteil – habt, lässt die durch Konkurrenz geprägte Beziehung zwischen euch entstehen. Wenn deine Eltern bei dir – oder in allgemeiner Hinsicht – versagt haben, dann hast du dich auf einen Wettstreit mit ihnen eingelassen, statt dich ihnen zu verpflichten und ihnen dadurch die Möglichkeit zu geben, erfolgreich zu sein. Dasselbe gilt für deinen Partner. Wenn du dich ihm verpflichtet hast, kann er unmöglich versagen. Verpflichtung heißt, um es noch einmal zu sagen, dass du dich mit ganzem Herzen und mit ganzer Seele für deinen Partner entscheidest. Dabei reicht es völlig aus, dies auf einer energetischen Ebene zu tun, damit sich der Erfolg einstellt. Wenn du dich der Gleichheit und deinem Partner verpflichtet hast, kann er unmöglich das südliche Ende eines nach Norden laufenden Esels sein.

Verbundenheit wiederherstellen

Wiederhole die im ersten Teil des Buches beschriebene Übung der Lichtbrücke mit einem Elternteil oder, falls erforderlich, mit beiden Elternteilen. Führe diese Übung dann mit deinem Partner durch, und wiederhole sie anschließend mit deinem Partner und dessen Eltern. Du kannst die Übung auch mit deinem Partner und deinen Kindern durchführen, falls es zwischen ihnen Probleme gibt und Distanz besteht. Diese Übung lässt Einheit in deinem Denken und in deinen Beziehungen entstehen. Sie bewahrt die Nähe trotz allem, was der Heilung bedarf, denn das, was ungeheilt ist, tritt zutage und zerstört die Nähe, die du erreicht hast. Die Übung der Lichtbrücke stellt diese Nähe wieder her. Der Zweck einer Beziehung besteht darin, das zu heilen, was ungeheilt ist. Sei deshalb nicht entmutigt, wenn du dich deinem Partner beim Einschlafen sehr nahe fühlst und nach dem Aufwachen das Gefühl hast, meilenweit entfernt zu sein. Wiederhole einfach die Übung der Lichtbrücke, oder verpflichte dich dem nächsten Schritt oder der Gleichheit wieder neu, um die Dinge zu heilen und wieder in ein Gleichgewicht zu bringen.

Führe die Übung mit dem Elternteil durch, mit dem du die größten Schwierigkeiten hattest oder noch hast. Wenn die Beziehung zu deinem Partner nicht in Ordnung ist, dann ist es meist der Elternteil des anderen Geschlechts, aber es können auch beide Elternteile sein. In einer homosexuellen Beziehung besteht das Problem meist mit dem Elternteil desselben Geschlechts. In einer heterosexuellen Beziehung ist der Elternteil desselben Geschlechts ein Spiegel dafür, was wir in Bezug auf uns selbst fühlen. Du kannst die Übung mit jedem Menschen praktizieren, bei dem du das Gefühl hast, dass zwischen euch eine Distanz besteht. Sie bewirkt ein höheres Maß an Erfolg, während sie zugleich unterbewusste Familien- und Seelenmuster heilt.

Wiederhole die Übung der Lichtbrücke, bis ihr zu einem einzigen Licht geworden seid. Findet in der Übung keine Bewegung statt, nachdem du die Lichtbrücke dreimal gebaut hast, dann hast du aus irgendeinem Grund ein Interesse daran, die Trennung aufrechtzuerhalten. ***Ein Kurs in Wundern*** bezeichnet es als den geheimen Traum oder die unter allen anderen Dynamiken verborgen liegende Dynamik – der Wunsch, getrennt zu sein.

Wenn du Probleme mit Dreiecksbeziehungen hast, dann ist dies ein Muster, das durch den Verlust der Verbundenheit in der Kindheit entstanden ist.

Frage dich:

Wenn ich wüsste, wann die Verbundenheit verloren gegangen ist und die Distanz angefangen hat, die Angst, Konkurrenz und das Dreiecksmuster in Gang gesetzt hat, dann war es im Alter von ....

Wenn ich wüsste, was in dieser Zeit geschehen ist, dann war es vermutlich ....

Benutze nun die Übung der Lichtbrücke, um alle, die an dieser Situation beteiligt waren, wieder miteinander zu verbinden und ihnen Erfolg und Nähe zurückzubringen. Nimm die Distanz zwischen ihnen wahr. Baue von deinem Licht aus eine Lichtbrücke, die gleichzeitig zu deinen Eltern und möglicherweise beteiligten Geschwistern führt und sich dann von einem Elternteil zum anderen fortsetzt. Wiederhole diese Übung, bis ihr alle zu einem einzigen Licht geworden seid.

Du kannst diese Übung auch für deinen Partner und mit ihm durchführen. Wenn bei einem von euch mit oder unter den Geschwistern große Rivalität geherrscht hat, dann führe sie mit deinen oder seinen Geschwistern durch. So kannst du ein hohes Maß an Mühelosigkeit und Verbindung wiederherstellen.

Obwohl diese Übung die Verbundenheit mühelos wiederherstellen kann, drängt nach einer unbeschwerten Zeit der Flitterwochen irgendwann die nächste Schicht nach oben. Führe die Übung also mehrmals pro Woche oder so oft durch, wie es notwendig ist. Achte einfach darauf, wie groß die Distanz ist, die zwischen euch gewachsen ist. Lasse sie nicht größer werden, als ein Bach breit ist, bis du sie erneut durchführst. Auf diese Weise kannst du die Nähe zwischen euch bewahren und die Früchte deiner Beziehung genießen.

Der schlimmste Partner, den es gibt

Wenn du den schlimmsten Partner hast, den es gibt, dann benutzt du ihn als eine Ausrede, um nicht weitergehen zu müssen, damit du unabhängig sein kannst, und um dich zurückzuhalten, damit du dich der Angst vor Nähe nicht stellen musst. Schlimme Partner sind bequeme Ausreden, um die Mauern des Egos aufzubauen. Normalerweise sind es Partner, die man loslassen sollte, damit man sich nicht selbst zurückhält, aber ich habe schon erlebt, dass die Partner solch „böser Jungen" eine Offenbarung erlebt und sich selbst so radikal transformiert haben, dass dies auch auf ihren Partner eine erlösende und transformierende Wirkung hatte. Nach einer so radikalen Veränderung zum Besseren kannst du klarer entscheiden, was dich glücklich macht, und damit auch, was im Hinblick auf deine Beziehung wahr ist.

Fühle deine Gefühle

Der nächste wichtige Aspekt im Hinblick darauf, Transformation zu bewirken, ist der Mut, deine Gefühle zu fühlen. Wenn du diese Bereitschaft nicht hast, dann wird es dir niemals gelingen, Partnerschaft zu erreichen. Die eigenen Gefühle zu fühlen kann für die Männer eine besonders große Herausforderung sein, die sich manchmal eher einer ganzen Schwadron von Eindringlingen aus dem Weltall stellen würden, als ihre eigenen Emotionen zu fühlen. Ohne den Mut, das, was du erfährst, wirklich zu fühlen, was auch immer es ist, wirst du kaum eine Chance haben, die Segnungen der Nähe zu genießen. Die Fähigkeit, deine Emotionen zu erfahren, trägt zu deiner Reife bei und verringert die Wahrscheinlichkeit, dass du in erwachsene Wutanfälle verfällst. Erwachsene Wutanfälle benutzen deine Emotionen als Mittel der Erpressung oder Drangsalierung, um deinen Willen durchzusetzen.

Wutanfälle zeigen einen Ort, an dem du dich selbst preisgibst, und weisen auf ein Muster der Selbstpreisgabe hin. Du kannst deine Wutanfälle benutzen, um zu dem Ort zu gelangen, an dem der Ursprung deiner **Geschichten des Wutanfalls** liegt. Diese Geschichten haben zur Entstehung von **Geschichten des Opfers** und anderer dunkler Geschichten beigetragen, die nicht nur verhindern, dass du Erfolg hast, sondern dein Leben regelrecht ruinieren können. Diese dunklen Geschichten schreiben ein äußerst unangenehmes Drehbuch für dein Leben, in dem fast immer **Geschichten des bösen Jungen** enthalten sind. Sie sind eine Projektion deiner Schuld – deiner besten Ausrede, dich zu verstecken – und ein Weg, keine Verantwortung für das zu übernehmen, was geschieht. Sie enthalten verborgene Tagesordnungen und Belohnungen, wie etwa die Ausrede, unabhängig zu sein, während du deinen Eltern scheinbar beipflichtest oder dich der Situation sogar opferst.

Wenn du an einem unguten Ort bist, hast du dort aus deinem Schmerz heraus ein starkes Ego aufgebaut. Es ist ein Ort, an dem du nicht bereit warst, die Emotionen zu fühlen, die dich zum Beginn eines völlig neuen Stadiums in deinem Leben gebracht hätten. Sobald du die Verantwortung annimmst und deine Emotionen fühlst, hörst du auf, über immer denselben alten Opferschmerz zu weinen. Du erkennst, was du getan hast, und benutzt die Erfahrung deiner Gefühle als Mittel, um dich auf eine neue Stufe zu bringen. Das stellt nicht nur alles wieder her, was du in der Vergangenheit verloren hast, sondern bringt dir auch das, was dir damals an seiner Stelle angeboten wurde. Wenn es dir gelingt, dann weißt du, dass du nicht länger in der Emotion oder Situation feststeckst, in der du dich gefangen gefühlt hast. Um das zu erreichen, muss es deine Absicht und Verpflichtung sein, die Emotion zu erfahren, die du in dir selbst vergraben hast. Das bewirkt, dass du dich in jede Emotion, die du erfährst, hineinlehnen und zu

Schlüsselereignissen zurückkehren kannst, in denen du Trennung herbeigeführt hast. Dies führt zu einem Neubeginn auf einer ganz neuen Stufe.

Du kannst Schmerz, den du jetzt empfindest, nutzen, um dich von ihm an einen Ort alten Schmerzes zurückführen zu lassen, dessen Ursprung meist weit vor der ersten Begegnung mit deinem jetzigen Partner liegt. Leiden in deiner jetzigen Beziehung hat – ungeachtet der Umstände – immer eine Wurzel in deiner Vergangenheit. Traumata aus der Kindheit, die gegenwärtige Situationen erzeugen, werden möglicherweise von Ahnen- oder Seelenverletzungen genährt. Diese Traumata kommen nicht immer ans Tageslicht, aber das Fühlen der damit verbundenen Emotionen verbrennt sowohl die Emotion als auch das Muster und stellt so die Verbundenheit wieder her. Du fängst mit der Emotion an und gehst immer tiefer, bis du zu einem Gefühl von Frieden und Freude gelangst. Folge dem Gefühl. Wenn du auf einen Ort der Dissoziation triffst, dann fühle ihn, bis er den Weg für die Emotion darunter frei macht.

Manche Menschen, die schon länger einen Weg der Heilung gehen oder hohe Bewusstseinsstufen erreicht haben, indem sie Emotionen fühlen und freisetzen, können sogar daran arbeiten, das kollektive Unbewusste oder das astrale, dunkle Unbewusste zu heilen. Wenn sie diese Übung durchführen, dann können sie an einen Ort gelangen, der zur Wurzel allen Schmerzes zurückführt, zur ursprünglichen Trennung oder zum Sündenfall.

Schmerz, der aus deinem persönlichen Unbewussten kommt, kann so stark sein, dass er dich in die Knie zwingt. Deine Entscheidung, dich von diesen Emotionen nicht aufhalten oder dazu drängen zu lassen, sie zu dissoziieren, und dein Wunsch, sie zu beobachten und schließlich zu erfahren, kann dich schnell zu größerem Mitgefühl und zu einer Neugeburt in deinem Leben und deiner Beziehung führen. Deine Bereitschaft, deine Emotionen zu fühlen, lässt die Zahl deiner blinden Flecken immer kleiner werden, sodass dunkle Ereignisse dir keine bösen Überraschungen bereiten. Sie hilft dir, ein Bewusstsein für das zu entwickeln, was sich entfaltet, und zwar auf eine Weise, die es dir ermöglicht, dich den Menschen zuzuwenden, die Hilfe brauchen, und sie aus ihren Problemen und ihrem Schmerz herauszuführen. Der Friede wird wiederhergestellt, und du kannst deine neu gewonnene Unschuld benutzen, um ihn auch anderen Menschen zurückzugeben. Es ist deine Unschuld, die dich sicher und angstfrei sein lässt und die der Liebe den Weg ebnet. Deine Bereitschaft, deine Emotionen zu erfahren, lässt dich dein Herz zurückgewinnen, weil zwischen beiden ein direkter Zusammenhang besteht, und das bringt dich automatisch zur Partnerschaft voran. In dem Maße, in dem du dein Herz zurückgewinnst, gewinnt auch dein Partner sein Herz zurück.

Loslassen

Loslassen ist eine machtvolle und paradoxe Methode, die dazu beitragen kann, deine Beziehung zu retten. Je stärker du festhältst, umso mehr stößt du deinen Partner von dir fort, und umso geringer wird deine Attraktivität. Das geschieht deshalb, weil du, wenn du festhältst, Geben gegen Nehmen tauschst, weil du versuchst, deinen Partner zu besitzen, damit er deine Bedürfnisse erfüllt. Dann spielt es keine Rolle, wie gut deine äußere Schale aussieht, weil du auf energetischer Ebene unattraktiv und abstoßend wirkst.

Niemand will besessen oder benutzt werden. Es ist entwürdigend. Es ist so, als ob dein Partner gar nicht da wäre. Ich hatte einmal eine neue Freundin, und als wir zum ersten Mal miteinander schliefen, übernahm sie gleich das Kommando und war ganz wild. Ich aber hätte jeder beliebige Mann sein können. Ich bat sie, sich mehr mit mir zu verbinden, und sie erwiderte: „Mögen die meisten Männer es denn nicht so?" Ich sagte: „Klar, aber ich bin nicht die meisten Männer. Wenn wir uns miteinander verbinden, dann können wir Freude aneinander und am Sex haben."

Wenn Partner aneinander festhalten, sich in Wirklichkeit aber trennen wollen, dann setzen sie manchmal dunkle und schmerzhafte Ereignisse in Gang, um die Anhaftung und das, was von ihrer Verbundenheit noch übrig ist, zu brechen. Das kann enormen Schmerz erzeugen, meist verbunden mit altem Schmerz, der unter der gegenwärtigen Anhaftung verborgen liegt. Schmerz ist eine Form von negativer Anhaftung, die zu Groll führt. Positive Anhaftung geschieht in den Anfangsstadien einer Beziehung, in denen du an jemandem festhältst, der – vermeintlich – deine Bedürfnisse erfüllt. Je mehr du festhältst, umso abhängiger wirst du. Je mehr dies der Fall ist, umso mehr bringt es die Beziehung in Gefahr und dich auf den Weg zu einem Herzensbruch. Außerdem treibt es deinen Partner in die Unabhängigkeit, und das ist genau das, was du nicht willst, denn je unabhängiger er wird, umso weniger scheint ihm etwas an dir zu liegen. Das macht dich abhängiger und bringt dich dazu, noch mehr festzuhalten, bis du die Beziehung zerstörst.

Du hast Bedürfnis mit Liebe verwechselt, und deine Bedürfnisse trägst du seit der Kindheit mit dir herum. Versuche nicht, deinen Partner zu einem Elternteil zu machen, der deiner Meinung nach dazu da ist, deine Bedürfnisse nach Liebe und Selbstwert zu erfüllen. Dein Bedürfnis, dass er es tut, überträgt sich in Form von verbalen, emotionalen und energetischen Forderungen, die entweder zurückgewiesen oder unter Druck erfüllt werden, was dich gewiss nicht befriedigen wird. Dies kann auf keiner Ebene langfristig Erfolg haben.

Wenn du willst, dass deine Beziehung funktioniert, musst du loslassen und darfst nicht verhaftet sein. Das führt zu Mühelosigkeit, Verliebtheit und Attraktivität auf beiden Seiten. Es bedeutet mit anderen Worten, dass du deine Beziehung zurückbekommst, indem du loslässt. Wenn dein Partner von dir abrückt oder „seinen Raum braucht", dann ist das ein Zeichen dafür, dass du festhältst. Loslassen ist paradox. Es ist vergleichbar damit, dass du mit deinem Auto ins Schleudern gerätst. Der einzige Weg, die Kontrolle zurückzugewinnen, liegt darin, in die Richtung zu steuern, in die das Auto schleudert. Wenn du deinem Impuls folgst, gegen die Schleuderrichtung zu lenken, dann kann es dir passieren, dass du die Kontrolle über das Auto ganz verlierst. Genauso verhält es sich mit dem Skifahren. Wenn du Skifahren lernst, dann bringt der Skilehrer dir bei, dass du dich nicht nach hinten zum Hang hin, sondern nach vorne vom Hang weg neigen sollst. Wenn du dich nach hinten zum Hang hin neigst, weil du Angst hast, dann fällst du jedes Mal auf die Nase. Wenn du in einer Beziehung festhältst, dann fällst du auch jedes Mal auf die Nase.

Du kannst auch nicht *so tun, als ob du loslässt*. Es funktioniert nicht, weil es nicht verbergen kann, was du energetisch tust. Dein Partner zeigt dir ganz genau, wie sehr du loslässt, indem er entweder auf dich zukommt oder von dir abrückt. Du erhältst eine sofortige Rückmeldung darüber, wie gut du bist, indem du einfach beobachtest, wie dein Partner auf dich reagiert. Je mehr du loslässt, umso attraktiver bist du für deinen Partner. Loslassen bedeutet nicht, deinen Partner und deine Beziehung preiszugeben, sondern deinen Partner und die Beziehung durch Wahrheit, Reife und deine Attraktivität zu würdigen. Wenn dein Partner sich von dir nicht angezogen fühlt, dann gibt es etwas, das du loslassen musst.

In der Zeit, in der ich extrem unabhängig war, hatte ich gelegentlich das Gefühl, von bedürftigen Partnerinnen regelrecht aus der Beziehung herausgetrieben zu werden. Äußerst attraktive Frauen wurden abhängig, was dazu führte, dass es keinen Spaß mehr machte. Manche Frauen gingen sogar zu einem Seher, der ihnen versicherte, dass wir Seelengefährten seien. Das einzige Problem war, dass sie nicht daran dachten, mich in die Gleichung einzubeziehen, als sie Pläne für unser zukünftiges Glück schmiedeten. Das war ein Stadium, in dem ich als der unabhängige Partner nicht wusste, wie ich eine Beziehung „drehen" konnte. Später lernte ich dann, dass mein Widerstand gegen eine bedürftige Partnerin nur mein Widerstand gegen meine eigene dissoziierte Bedürftigkeit und gegen den Wunsch war, meine Partnerin zu besitzen, der sich schon früh in meinen Beziehungen gezeigt hatte. Als ich meinem früheren Verhalten und der Bedürftigkeit meiner Partnerinnen vergab, war es einfach, denn ich wusste, wie ich eine Beziehung aus beiden Positionen erfolgreich machen konnte.

Wenn du nicht loslässt, fehlt es dir an emotionaler Integrität, und du wirst keinen Erfolg haben. Wenn deine Beziehung dir etwas wert ist, dann lasse deine Verhaftung daran los. Loslassen bedeutet weder preisgeben, noch ist es eine Abwehr. Es führt zu mehr Offenheit und Verfügbarkeit auf beiden Seiten.

Ich will dir nun eine Reihe von Möglichkeiten vorstellen, wie du loslassen kannst. Finde diejenige(n), die für dich am hilfreichsten sind. Manchmal brauchst du sie alle, um dich über die Sucht nach deinem Partner hinauszubringen. Abhängigkeit ist eine Sucht, sodass sich letztendlich die Frage stellt: Was willst du, deine Abhängigkeit oder deinen Partner? Wenn du es nicht schaffst, deine Abhängigkeit zu überwinden, dann erfindest du alle möglichen Ausreden, weshalb die Beziehung nicht funktioniert, aber die Verantwortung für deine Beziehung liegt zu einhundert Prozent in deinen Händen. Wenn du die totale Verantwortung übernimmst, dann wirst du feststellen, dass es alle möglichen Dinge gibt, die du für deine Beziehung tun kannst. Tust du es nicht, führt deine Abhängigkeit zu Herzensbruch und Opfersein, und das wird nicht schön. Heile dich jetzt und freue dich ein Leben lang an dem Nutzen, den es dir bringt, oder täusche dich selbst und sei auf ein rüdes Erwachen gefasst.

Formen des Loslassens

Das Bedürfnis spüren

Die grundlegendste Form des Loslassens hat etwas damit zu tun, deine eigenen Bedürfnisse und Emotionen zu fühlen. Beginne mit dem Gefühl von Verlust, dem Gefühl von Abhängigkeit oder dem Bedürfnis und der Angst, die Teil davon sind. Spüre das Gefühl aggressiv. Nimm es an. Wünsche dir, wissen zu wollen, was darunter verborgen liegt. Fahre so lange fort, bis die negative Emotion sich aufgelöst hat und nur positive Gefühle übrig bleiben. Auf diese Weise gewinnst du einen Teil deines Herzens zurück und entwickelst den Mut, der das Gegenmittel sowohl zur Abhängigkeit als auch zu der dissoziierten Unabhängigkeit ist, die benutzt wird, um sich gegen die Abhängigkeit zu wehren. Wenn du es schaffst, gelangst du auf eine neue Stufe der Partnerschaft, die dir neue Flitterwochen bringt. Unterschätze aber nicht, wie oft du die Übung vielleicht wiederholen musst, bis du zur vollen Partnerschaft gelangst. Du kannst auch Gefühle von Leblosigkeit und Dissoziation fühlen, um dich durch die Angst und andere darunter verborgene Emotionen zurückführen zu lassen, bis du schließlich bei einem Gefühl des Friedens ankommst.

Vergebung als eine Form des Loslassens

Vergebung ist eine andere Form des Loslassens. Sie lässt die Vergangenheit los und trägt das, was in der Vergangenheit gefehlt hat, nicht in gegenwärtige Situationen hinein. Vergib zuerst deinem Partner, bis du bei einem Gefühl der Harmonie ankommst. Vergib dann deinen Eltern oder dem Elternteil, der deine Bedürfnisse nicht erfüllt hat, sodass diese Situation entstanden ist. Die Alternative dazu besteht in dem Versuch, vergangene Bedürfnisse in gegenwärtigen Situationen erfüllt zu bekommen, was fast niemals erfolgreich ist. Praktiziere Vergebung, bis du dich frei und glücklich fühlst. Du wirst erstaunt sein, wie Vergebung das, was du durchlebst, transformiert. Festhalten ist eine Form von Mitleid, und Mitleid kann zu Hass führen.

Es in Gottes Hände legen

Du kannst auch loslassen, indem du deine Bedürfnisse, deine Beziehung, deinen Partner und deine Emotionen an Gott übergibst. Lege sie alle und auch die Zukunft in Gottes Hände. Manche Menschen brauchen dies nur einmal zu tun, und es ist getan, während andere es Schicht für Schicht tun müssen.

Tue es, bis du das Gefühl hast, frei und von Frieden erfüllt zu sein.

Ich kann gar nicht oft genug darauf hinweisen, wie wichtig es ist, das Loslassen zu lernen, damit eine Beziehung erfolgreich wird. Wenn du die Lektion des Loslassens nicht lernst, dann lernst du auch die Lektion von Abhängigkeit und Unabhängigkeit nicht, die für den Erfolg einer Beziehung von ganz entscheidender Bedeutung ist. Lerne das Loslassen gut, und lerne es vollständig.

Es als der unabhängige Partner besser machen

Wenn du der unabhängige Partner bist und einen guten Partner hast, der es wert ist, dass du ihm dabei hilfst, über das Stadium von Unabhängigkeit und Abhängigkeit hinauszugelangen, dann ist es sehr wichtig, dass du lernst, was du tun kannst, um die Beziehung erfolgreich zu machen, wenn dein Partner abhängig wird. Sei an erster Stelle dankbar dafür, dass die Lektionen und Aufgaben in einer Beziehung aufgeteilt werden. Wäre dein Partner nicht in der abhängigen Position, dann hättest du sie inne. Wenn du ihm hilfst, dann heilst du damit zugleich die schmerzhaften abhängigen Emotionen, die du in dir trägst. Glaub mir, dass dies einer der einfachsten Wege der Heilung ist. Wenn du deine sexuelle Integrität wahrst, deinem Partner die Hand reichst und ihn aufrichtest – und als der unabhängige Partner besteht genau darin deine Aufgabe –, dann kannst du ihm den Wert geben, den er braucht. Wenn du auf sexuelle Beutezüge gehst, weil du dich von deinem Partner nicht mehr angezogen fühlst, dann vergibst du Chancen, nicht nur die Beziehung zu verbessern, sondern auch die Attraktivität deines Partners zu erhöhen. Wenn du deine gesamte sexuelle Energie dagegen deinem Partner nach Hause bringst, dann wird er bald die Gabe entwickeln, die dich bei jemand anderem angezogen hat. Wenn du den Fehler begangen hast, einer sexuellen Versuchung zu erliegen, dann vergib dir selbst und allen Beteiligten und gehe auf deinen Partner zu. Vergebung heilt die Vergangenheit. Deinen Partner wertzuschätzen und zu erheben stellt die Gleichheit wieder her und bringt euch neue Flitterwochen, bevor das nächste Problem zutage tritt, um geheilt zu werden.

Flitterwochen helfen dir, dich an die Vision zu erinnern, die du gemeinsam mit deinem Partner zu Beginn eurer Beziehung gesehen und gefühlt hast. Um ihm jetzt die Hand zu reichen, musst du meist zuerst den Widerstand gegen deine eigenen alten Bedürfnisse und Herzensbrüche überwinden. Wenn du keinen Widerstand dagegen leisten würdest, wie besitzergreifend du selbst einmal warst, dann wäre es sehr leicht für dich, deinem Partner in seiner Erfahrung mitfühlend die Hand zu reichen. Du solltest auch daran denken, dass du selbst dann, wenn dieser Partner nicht dein Lebenspartner sein sollte, jede Lektion, die du jetzt lernst, nicht mehr zu lernen brauchst, wenn dein wahrer Lebenspartner die Bühne betritt. Sollte dieser Partner nicht dein Lebenspartner sein, könnt ihr euch als Freunde trennen, statt als Feinde auseinander zu gehen. Lerne so viele Lektionen, wie du kannst, damit du dein Leben sowohl jetzt als auch zukünftig in höherem Maße genießen kannst.

Beziehungen können dir deine wichtigsten Lektionen zeigen, und deine Liebe und Freundschaft können für dich eine Motivation sein, diese Lektionen so mühelos wie nur möglich zu lernen. Wenn du der unabhängige Partner bist, dann vergib dir dafür, wie du warst, als du selbst abhängig warst und andere Menschen besitzen wolltest. Gib das Urteilen zugunsten von Segenswünschen auf, und hilf deinem Partner. *Es gibt nur eine Sache, die schlimmer ist, als einen eifersüchtigen, abhängigen Partner zu haben, und das ist, selber einer zu sein.* Jedes Mal, wenn du deinem Partner hilfst, hilfst du dir selbst, und ihm zu helfen ist der mühelose Weg, die Lektion zu lernen. Wenn du als der unabhängige Partner ein guter Partner bist, dann wird dein Partner ein ebenso guter Partner sein, wenn er irgendwann die unabhängige Rolle einnimmt.

Loslassen, um die Gegenwart zu befreien

Dies ist eine äußerst wichtige Lektion, wenn es um den Erfolg von Beziehungen geht. Verpflichte dich, sie zu lernen, und verpflichte dich, dass dein Partner dir wichtiger als deine Emotionen ist. Loslassen ist ein Weg, deine Beziehung einen großen Schritt voranzubringen, und es verbessert deine Fähigkeit, Liebe auf einer völlig neuen Stufe der Zugehörigkeit zu erfahren. Loslassen ist eine wichtige Klärung, die Raum für das nächste Stadium schafft.

Frage dich, zu wie viel Prozent du an deinem Elternteil des anderen Geschlechts festhältst (wenn du homosexuell bist, ist es der Elternteil desselben Geschlechts). Dies kann sich in Form von Anhaftung oder als Groll zeigen, der eine verborgene Anhaftung enthält.

Stelle dir dieselbe Frage dann im Hinblick auf etwaige Geschwister des anderen Geschlechts. Zu wie viel Prozent hältst du an ihnen fest?

Betrachte anschließend jede wichtige Beziehung, die du hattest, einschließlich deines jetzigen Partners, und frage dich, zu wie viel Prozent du an diesen Beziehungen festhältst. Addiere alle Prozentzahlen.

Deine Anhaftungen verhindern, dass du eine gute, erfolgreiche Beziehung führen kannst. Wenn deine Anhaftung bei insgesamt 75 % liegt, dann bedeutet das, dass du bestenfalls 25 % für deine Beziehung übrig hast. Dieser Prozentsatz zeigt dir, wie weit dein Beziehungseimer bereits gefüllt ist, sodass kein Raum für die wahre Liebe bleibt. Ich bin einmal einer Frau begegnet, deren Beziehungseimer zu 1.525% mit Anhaftung gefüllt war. Nach den ersten 100% fängst du an, dich im Hinblick auf deine Beziehung im negativen Bereich zu bewegen. Die betreffende Frau hatte also nicht nur einen vollen Beziehungseimer, sondern auch eine zu 1.425% negative Beziehung. Die Kämpfe mit ihrem Partner waren sagenhafte Schlägereien, die bewirkten, dass die Polizei sowohl bei ihr zu Hause als auch in ihrer Kneipe häufig zu Gast war.

Lasse alle diese Anhaftungen los, weil sie entweder eine falsche Form von Liebe oder Groll sind, die deinen Beziehungseimer füllen. Sie verhindern, dass du die wahre Liebe erfahren kannst.

Nun ist die Zeit für einen Neubeginn gekommen. Es ist Zeit für eine Neugeburt in deinem Leben und in deiner Fähigkeit, eine Beziehung zu einem anderen Menschen einzugehen. Deshalb wird das, was für dich in deiner jetzigen Beziehung wahr ist, dich zur wahren Liebe hinführen, unabhängig davon, ob der Weg in deine Beziehung hinein oder aus ihr heraus führt.

Unterziehe deine Geschichten einer Prüfung

Wir sind Geschöpfe, die Geschichten erzählen, und als solche machen wir aus unserem Leben eine Geschichte oder – um es genauer zu sagen – viele Geschichten. Du kannst dich fragen, welchen Titel dein Leben hätte, wenn es eine Geschichte wäre, und welche Art von Geschichte es erzählen würde. Welchen Titel würdest du deinen Beziehungen geben, wenn sie eine Geschichte wären? Deine Geschichten schreiben das Drehbuch für die Erfahrungen, die du in deinem Leben machst. Diese Geschichten sind angefüllt mit deinen Selbstkonzepten und Glaubenssystemen. Dunkle Geschichten und heilende Geschichten sind die beiden Hauptkategorien. Weil diese Geschichten auf dein Leben einen so machtvollen und bestimmenden Einfluss haben, wenn es um Ereignisse geht, die zu Erfolg oder Misserfolg führen, verbannst du diese Drehbücher ins Unbewusste. Sie sind die erste Ebene unbewusster Themen, die ich entdeckt habe, nachdem ich herausgefunden hatte, welche Wirkung aus der Ahnenebene oder aus anderen Leben herrührende Themen auf uns haben können. Infolgedessen habe ich die **Karten des Lebens** erarbeitet, mit deren Hilfe die Menschen für sich selbst entdecken können, von welchen negativen Geschichten sie im Hinblick auf ihre chronischen und permanenten Probleme beeinflusst werden (erschienen im Verlag Via Nova). Du kannst deine Intuition nutzen, um festzustellen, wie viele und welche dunklen Geschichten dich zurückhalten. Sobald du sie entdeckt hast, kannst du sie loslassen.

Betrachte deine Beziehung als Ganzes und frage dich: Wenn ich wüsste, wie viele **Geschichten des Opfers** sich auf meine Beziehung auswirken, dann sind es vermutlich ....

Wenn ich wüsste, wie diese *Geschichten des Opfers* sich auf meine Beziehung auswirken, dann tun sie es vermutlich durch ....

Wenn ich wüsste, wie viele *Geschichten des Schurken* ich habe, dann sind es vermutlich ....

Wenn ich wüsste, wie diese Geschichten sich auf meine Beziehung auswirken, dann tun sie es vermutlich durch ....

Wenn ich wüsste, wie viele *Geschichten des Herzensbruchs* ich habe, dann sind es vermutlich ....

Wenn ich wüsste, wie diese Geschichten sich auf meine Beziehung auswirken, dann tun sie es vermutlich durch ....

Welcher Angst brauche ich mich nicht zu stellen, indem ich dafür sorge, dass ich *Geschichten des Herzensbruchs* habe?

Wenn ich wüsste, wie viele *Geschichten der Rache* ich habe, dann sind es vermutlich ....

Wenn ich wüsste, wie diese Geschichten sich auf meine Beziehung auswirken, dann tun sie es vermutlich durch ....

Wenn ich wüsste, wen – außer mir selbst – ich mit meinen *Geschichten der Rache* in Wirklichkeit angreife, dann ist es vermutlich ....

Wenn ich wüsste, wie viele *Geschichten der Depression und des Verlusts* ich habe, dann sind es vermutlich ....

Wenn ich wüsste, wie diese Geschichten sich auf meine Beziehung auswirken, dann tun sie es vermutlich durch ....

Wenn ich wüsste, wie ich es erreiche, klein zu bleiben, indem ich zulasse, dass ich diese Geschichten habe, dann ist es vermutlich durch ....

Wenn ich wüsste, wie viele *Geschichten des Festhaltens* ich habe, dann sind es vermutlich ....

Wenn ich wüsste, wie diese Geschichten sich auf meine Beziehung auswirken, dann tun sie es vermutlich durch ....

Wenn ich wüsste, zu welchem Zweck ich diese *Geschichten des Festhaltens* habe, dann ist es vermutlich ....

Wenn ich wüsste, wie viele *Geschichten der Bedürftigkeit* ich habe, dann sind es vermutlich ....

Wenn ich wüsste, wie diese Geschichten sich auf meine Beziehung auswirken, dann tun sie es vermutlich durch ....

Wenn ich wüsste, wofür ich diese *Geschichten der Bedürftigkeit* benutze, dann ist es vermutlich, um ....

Wenn ich wüsste, wie viele *Geschichten der Angst* ich habe, dann sind es vermutlich ....

Wenn ich wüsste, welche Auswirkung diese *Geschichten der Angst* auf meine Beziehung haben, dann ist es vermutlich ....

Wenn ich wüsste, was ich zu bekommen versuche, indem ich diese *Geschichten der Angst* habe, dann ist es vermutlich ....

Wenn ich wüsste, wie viele *Geschichten des Perfektionisten* ich habe, dann sind es vermutlich ....

Wenn ich wüsste, welche Auswirkung diese Geschichten auf meine Beziehung haben, dann ist es vermutlich ....

Wenn ich wüsste, wie viele *Geschichten der Erwartungen und Forderungen* ich habe, dann sind es vermutlich ....

Wenn ich wüsste, wie diese *Geschichten der Erwartungen und Forderungen* sich auf meine Beziehung auswirken, dann tun sie es vermutlich durch ....

Wenn ich wüsste, was ich tun kann, indem ich diese Geschichten habe, dann ist es vermutlich ....

Wenn ich wüsste, wie viele *Geschichten der Phantasievorstellungen* ich habe, dann sind es vermutlich ....

Wenn ich wüsste, welche Auswirkung diese Illusionen auf meine Beziehung haben, dann ist es vermutlich ....

Wenn ich wüsste, was ich nicht zu tun brauche, indem ich diese *Geschichten der Phantasievorstellungen* habe, dann ist es vermutlich ....

Wenn ich wüsste, worin meine heimliche Belohnung für diese *Geschichten der Phantasievorstellungen* besteht, dann ist es vermutlich ....

Wenn ich wüsste, wie viele *Geschichten der Kontrolle* ich habe, dann sind es vermutlich ....

Wenn ich wüsste, wie diese *Geschichten der Kontrolle* sich auf meine Beziehung auswirken, dann tun sie es vermutlich durch ....

Wenn ich wüsste, was ich nicht zu tun brauche, indem ich diese *Geschichten der Kontrolle habe*, dann ist es vermutlich ....

Wenn ich wüsste, wie viele *Geschichten der Leblosigkeit* ich habe, dann sind es vermutlich ....

Wenn ich wüsste, wie diese Geschichten sich auf meine Beziehung auswirken, dann tun sie es vermutlich durch ....

Wenn ich wüsste, wie diese *Geschichten der Leblosigkeit* mir dienen, dann tun sie es vermutlich durch ....

Wenn ich wüsste, wie viele Geschichten des *Sich-ungeliebt-Fühlens* ich habe, dann sind es vermutlich ....

Wenn ich wüsste, wie diese Geschichten sich auf meine Beziehung ausgewirkt haben, dann vermutlich durch ....

Wenn ich wüsste, was ich zu bekommen versuche, indem ich dafür sorge, dass ich diese Geschichten habe, dann ist es vermutlich ....

Wenn ich wüsste, wie viele *Ich-habe-ihr-Leben-ruiniert-Geschichten* ich habe, dann sind es vermutlich ....

Wenn ich wüsste, wie diese Geschichten sich auf meine Beziehung ausgewirkt haben, dann vermutlich durch ....

Wenn ich wüsste, welche Ausrede diese Geschichten mir verschafft haben, dann ist es vermutlich ....

Wenn ich wüsste, wie viele *Geschichten des Mangels* ich habe, dann sind es vermutlich ....

Wenn ich wüsste, wie diese Geschichten sich auf meine Beziehung ausgewirkt haben, dann vermutlich durch ....

Wenn ich wüsste, in Bezug worauf ich Recht bekomme, indem ich dafür sorge, dass ich diese Geschichten habe, dann ist es vermutlich ....

Wenn ich wüsste, wie viele *Schatten-Geschichten* ich habe (in denen du oder andere Menschen große Negativität ausleben), dann sind es vermutlich ....

Wenn ich wüsste, wie diese Geschichten sich auf meine Beziehung auswirken, dann tun sie es vermutlich durch ....

Wenn ich wüsste, was ich verberge, indem ich diese *Schatten-Geschichten* habe, dann ist es vermutlich ....

Wenn ich wüsste, wie viele *Geschichten der Unabhängigkeit* ich habe, dann sind es vermutlich ....

Wenn ich wüsste, wie diese Geschichten sich auf meine Beziehung auswirken, dann tun sie es vermutlich durch ....

Wenn ich wüsste, wen ich angreife, indem ich diese Geschichten habe, dann ist es vermutlich ....

Wenn ich wüsste, wie viele *Geschichten des Machtkampfs* ich habe, dann sind es vermutlich ....

Wenn ich wüsste, wie diese Geschichten sich auf meine Beziehung auswirken, dann tun sie es vermutlich durch ....

Wenn ich wüsste, welche Angst ich durch diese Geschichten schütze, dann ist es vermutlich ....

Wenn ich wüsste, wie viele *Ödipus-Geschichten* ich habe, dann sind es vermutlich ....

Wenn ich wüsste, wie diese Geschichten sich auf meine Beziehung auswirken, dann tun sie es vermutlich durch ....

Wenn ich wüsste, welche Schuld ich zu bezahlen versuche, indem ich zulasse, dass ich diese dunklen Geschichten habe, dann ist es vermutlich ....

Wenn ich wüsste, wie viele *Geschichten der Konkurrenz* ich habe, dann sind es vermutlich ....

Wenn ich wüsste, wie diese Geschichten sich auf meine Beziehung auswirken, dann tun sie es vermutlich durch ....

Wenn ich wüsste, wen ich zu bezwingen versuche, indem ich diese Geschichten habe, dann ist es vermutlich ....

Wenn ich wüsste, wie viele *Geschichten des Etwas-Besonderes-sein-Wollens* ich habe (Geschichten, in denen sich alles immer um dich dreht!), dann sind es vermutlich ....

Wenn ich wüsste, wie diese Geschichten sich auf meine Beziehung ausgewirkt haben, dann vermutlich durch ....

Wenn ich wüsste, wo ich heimlich geschwelgt und mein Schwelgen durch diese Geschichten verborgen habe, dann ist es vermutlich ....

Wenn ich wüsste, welche Auswirkungen dies auf meine Beziehung gehabt hat, dann ist es vermutlich ....

Wenn ich wüsste, wie viele **Geschichten der Verdrängung** ich habe, dann sind es vermutlich ....

Wenn ich wüsste, wie diese Geschichten sich auf meine Beziehung ausgewirkt haben, dann vermutlich durch ....

Wenn ich wüsste, wofür ich sie benutze, dann vermutlich, um ....

Wenn ich wüsste, wie viele **Geschichten des Rückzugs** ich habe, dann sind es vermutlich ....

Wenn ich wüsste, wie diese Geschichten sich auf meine Beziehung ausgewirkt haben, dann vermutlich durch ....

Wenn ich wüsste, was ich tun kann oder nicht zu tun brauche, indem ich diese Geschichten habe, dann ist es vermutlich ....

Wenn ich wüsste, wie viele **Geschichten des Krieges** ich habe, dann sind es vermutlich ....

Wenn ich wüsste, wie diese Geschichten sich auf meine Beziehung ausgewirkt haben, dann vermutlich durch ....

Wenn ich wüsste, wen ich zu kontrollieren versuche, indem ich diese Geschichten habe, dann ist es vermutlich ....

Wenn ich wüsste, wie viele **Geschichten des Versagens** ich habe, dann sind es vermutlich ....

Wenn ich wüsste, wie diese Geschichten sich auf meine Beziehung ausgewirkt haben, dann vermutlich durch ....

Wenn ich wüsste, wie ich diese Geschichten benutze, um Aufmerksamkeit zu bekommen, dann vermutlich durch ....

Wenn ich wüsste, wie viele **Geschichten der Aufopferung und des Märtyrers** ich habe, dann sind es vermutlich ....

Wenn ich wüsste, wie diese Geschichten sich auf meine Beziehung ausgewirkt haben, dann vermutlich durch ....

Wenn ich wüsste, wie ich diese Geschichten benutze, um größere Wichtigkeit zu erlangen, dann vermutlich durch ....

Wenn ich wüsste, wie viele **Geschichten der Dummheit, Naivität und Torheit** ich habe, dann sind es vermutlich ....

Wenn ich wüsste, wie diese Geschichten sich auf meine Beziehung auswirken, dann tun sie es vermutlich durch ....

Wenn ich wüsste, aus welchem Grund ich diese Geschichten behalte, dann ist es vermutlich ....

Wenn ich wüsste, wie viele **Wie-ich-es-will-Geschichten** ich habe, dann sind es vermutlich ....

Wenn ich wüsste, wie diese Geschichten sich auf meine Beziehung ausgewirkt haben, dann vermutlich durch ....

Wenn ich wüsste, wovor ich mich verstecke, indem ich diese Geschichten habe, dann ist es vermutlich ....

Wenn ich wüsste, wie viele **Geschichten des Rebellen** ich habe, dann sind es vermutlich ....

Wenn ich wüsste, wie diese Geschichten sich auf meine Beziehung ausgewirkt haben, dann vermutlich durch ....

Wenn ich wüsste, wie ich diese Geschichten benutze, um meiner Lebensaufgabe und Bestimmung aus dem Weg zu gehen, dann vermutlich durch ....

Wenn ich wüsste, wie viele **Geschichten des Leidens** ich habe, dann sind es vermutlich ....

Wenn ich wüsste, wie diese Geschichten sich auf meine Beziehung ausgewirkt haben, dann vermutlich durch ....

Wenn ich wüsste, wie ich diese Geschichten benutze, um mein Ego aufzubauen und in Trennung zu investieren, dann vermutlich durch ....

Wenn ich wüsste, wie viele *Geschichten der Faulheit* oder *Geschichten der harten Arbeit* ich habe, dann sind es vermutlich ....

Wenn ich wüsste, wie diese Geschichten sich auf meine Beziehung ausgewirkt haben, dann vermutlich durch ....

Wenn ich wüsste, woran ich festzuhalten versuche, indem ich diese Geschichten habe, dann ist es vermutlich ....

Wenn ich wüsste, wie viele *Geschichten des Missbrauchs* ich habe, dann sind es vermutlich ....

Wenn ich wüsste, wie diese Geschichten sich auf meine Beziehung auswirken, dann tun sie es vermutlich durch ....

Wenn ich wüsste, welchen Zweck ich damit verfolge, dass ich diese Geschichten behalte, dann vermutlich, um ....

Wenn ich wüsste, wie viele *Geschichten der Seifenoper* ich habe, dann sind es vermutlich ....

Wenn ich wüsste, wie diese Geschichten sich auf meine Beziehung ausgewirkt haben, dann vermutlich durch ....

Wenn ich wüsste, auf welche Weise die Angst davor, mich meinem Partner, der Kreativität und Gnade hinzugeben, mich dazu gebracht hat, mich für die *Geschichten der Seifenopern* zu entscheiden, die das Ego geschrieben hat, dann vermutlich, weil ....

Wenn ich wüsste, wie viele *Geschichten der Krankheit* ich habe, dann sind es vermutlich ....

Wenn ich wüsste, wie diese Geschichten sich auf meine Beziehung auswirken, dann tun sie es vermutlich durch ....

Wenn ich wüsste, gegen wen ich rebelliere, indem ich diese Geschichten habe, dann ist es vermutlich ....

Wenn ich wüsste, wie viele *Geschichten der Starrköpfigkeit* ich habe, dann sind es vermutlich ....

Wenn ich wüsste, wie diese Geschichten sich auf meine Beziehung auswirken, dann tun sie es vermutlich durch ....

Wenn ich wüsste, worin meine heimliche Belohnung dafür besteht, dass ich diese Geschichten habe, dann ist es vermutlich ....

Wenn ich wüsste, wie viele *Geschichten der Streitsucht* ich habe, dann sind es vermutlich ....

Wenn ich wüsste, wie diese Geschichten sich auf meine Beziehung auswirken, dann tun sie es vermutlich durch ....

Wenn ich wüsste, wie diese Geschichten es mir erlauben, einen Groll weiterhin zu hegen, dann vermutlich durch ....

Wenn ich wüsste, welchen Zweck ich mit meinem Groll verfolge, dann besteht er vermutlich in ....

Wenn ich wüsste, wie viele *Geschichten der Negativität* ich habe, dann sind es vermutlich ....

Wenn ich wüsste, wie diese Geschichten sich auf meine Beziehung auswirken, dann tun sie es vermutlich durch ....

Wenn ich wüsste, auf welche Weise diese *Geschichten der Negativität* mir dienen, dann tun sie es vermutlich, indem sie ....

Wenn ich wüsste, wie viele *Geschichten des Hasses* und *Geschichten des Grolls* ich habe, dann sind es vermutlich ....

Wenn ich wüsste, wie diese Geschichten sich auf meine Beziehung auswirken, dann tun sie es vermutlich durch ....

Wenn ich wüsste, warum diese Geschichten mir mehr wert

sind als mein Partner und meine Beziehung, dann deshalb, damit ich ....

Wenn ich wüsste, wie viele **Geschichten des Wutanfalls** ich habe, dann sind es vermutlich ....

Wenn ich wüsste, wie diese Geschichten sich auf meine Beziehung auswirken, dann tun sie es vermutlich durch ....

Wenn ich wüsste, wozu ich diese **Geschichten des Wutanfalls** benutze, dann vermutlich, um ....

Wenn ich wüsste, wie viele **Geschichten des Sumpfs** ich habe (Geschichten, in denen du Fallen und Hysterie einen Wert beimisst, weil du sie benutzt, um der echten Emotion und dem wahren Erfolg aus dem Weg zu gehen), dann sind es vermutlich ....

Wenn ich wüsste, wie diese Geschichten sich auf meine Beziehung ausgewirkt haben, dann vermutlich durch ....

Wenn ich wüsste, aus welchem Grund ich diese **Geschichten des Sumpfs** habe, dann vermutlich, damit ich ....

Wenn ich wüsste, wie viele **Geschichten der Dissoziation** ich habe, dann sind es vermutlich ....

Wenn ich wüsste, wie diese Geschichten sich auf meine Beziehung ausgewirkt haben, dann vermutlich durch ....

Wenn ich wüsste, wozu ich diese Geschichten benutze und welchen Erfolg ich damit hatte, dann ist es vermutlich ....

Wenn ich wüsste, wie viele **Geschichten des Schwelgens** ich habe, dann sind es vermutlich ....

Wenn ich wüsste, wie diese Geschichten sich auf meine Beziehung ausgewirkt haben, dann vermutlich durch ....

Wenn ich wüsste, was mir in der Vergangenheit gefehlt hat, das ich auf diese Weise wettmachen wollte, dann war es vermutlich ....

War diese Strategie erfolgreich?

Wenn ich wüsste, wie viele *Geschichten der Kompensation* ich habe (in denen du etwas wettmachst, im Gegensatz zu dem handelst, was du fühlst oder glaubst), dann sind es vermutlich ....

Wenn ich wüsste, wie diese Geschichten sich auf meine Beziehung ausgewirkt haben, dann vermutlich durch ....

Wenn ich wüsste, wie ich meine *Geschichten der Kompensation* benutzt habe, um Trennung herbeizuführen, dann vermutlich, indem ich ....

Wenn ich wüsste, wie viele *Geschichten der Trennung* ich habe, dann sind es vermutlich ....

Wenn ich wüsste, wie ich diese Geschichten benutzt habe, um Gott anzugreifen, dann vermutlich, indem ich ....

Wenn ich wüsste, ob ich irgendeine dieser Geschichten behalten möchte, dann ist es vermutlich ....

Wenn ich wüsste, welche Auswirkungen es auf meine Beziehung hätte, wenn ich diese Geschichten behalte, dann ist es vermutlich ....

Wenn ich wüsste, welche Auswirkungen es auf meine Beziehung hätte, wenn ich alle diese Geschichten loslassen und durch Liebe, Erfolg und Glücklichsein ersetzen würde, dann wäre es vermutlich ....

Stelle dir vor, welche Wirkung es auf deine Familie, deine Freunde und die Welt hätte, wenn alle diese dunklen Geschichten aus deinem Leben entfernt würden. Wärest du bereit, für dich selbst, deinen Partner, deine Familie und die Welt einen so großen Beitrag zu leisten? Wärest du bereit, alle diese dunklen Geschichten loszulassen und es dem Himmel zu erlauben, sie durch positive Geschichten, Gaben und Gnade zu ersetzen?

Eine andere Möglichkeit, dunkle Geschichten zu entdecken

Du kannst jede negative Erfahrung und alles, was dich aus der Fassung bringt, benutzen, um dunkle Geschichten in dir zu entdecken. Zu diesem Zweck untersuchst und betrachtest du jede negative Emotion oder Situation. Welche Geschichten scheinen eine Rolle zu spielen? In einer Situation, die nicht erfolgreich ist, wirst du möglicherweise *Geschichten der Sabotage*, *Geschichten der Scham*, *Geschichten des Selbstangriffs*, *Geschichten des Zweifels*, *Geschichten der Angst* und *Der-Lebensaufgabe-aus-dem-Weg-Gehen-Geschichten* entdecken. Dann kannst du dir dieselben Fragen stellen, wie ich sie bei den obigen Geschichten bereits gestellt habe.

Wie viele von jeder Geschichte hast du?

Wie haben sie sich auf deine Beziehung ausgewirkt?

Welchen Zweck verfolgst du damit, dass du diese Geschichten hast?

Jedes Ereignis in deinem Leben kann die Geschichten aufdecken, die dich in die Falle locken. Wenn du sie loslässt, dann bleibt dir an ihrer Stelle eine Schatztruhe voller Gaben, die dir auf dem Weg zurück zur Liebe einen großen Teil deines Bewusstseins zurückgeben.

Der Schlüssel zu deiner Freiheit

Es gibt eine dunkle Geschichte, die für dein Leben von zentraler Bedeutung ist. Heilung kann sie zur Stütze von Freiheit und Erneuerung in deinem Leben machen. Es gibt in deinem Leben ein Trauma, das zu einer Geschichte darüber wurde, wie jemand dir Unrecht angetan und dich im Stich gelassen hat. Du warst so tief verletzt, dass du dich von dieser Erfahrung niemals ganz erholt hast. Es war eine Geschichte, die du gebraucht hast, um davonzulaufen und dich vor dir selbst, deiner Lebensaufgabe und deiner Bestimmung zu verstecken. Es war ein Ort, an dem du dich preisgegeben und dich niemals zurückgeholt hast. Es war ein Vorfall, womöglich ein Trauma, und es ist zur zentralen Geschichte deines Lebens geworden. Dein Leben hat danach niemals zurückgewonnen, was du damals verloren hast. Es war stets deine Ausrede dafür, in der Trennung zu verharren und dich nicht zu zeigen. Es hat dich von der Gnade und von dir selbst abgeschnitten. Die Geschichte handelt ausschließlich davon, wie jemand dich nicht als etwas Besonderes behandelt oder dir die Bedeutung gegeben hat, die du deiner Meinung nach verdient hattest. Du warst gekränkt, verletzt und gedemütigt. Du hast dich preisgegeben und das, was wirklich geschehen ist, vertuscht. Dann hast du diese Preisgabe in der Form projiziert, dass jemand anderer dich zurückgewiesen, verlassen oder nicht gewollt hat. Es ging dir immer nur darum, dass jemand – meistens ein Elternteil oder beide Eltern – nicht für dich da war, aber in Wirklichkeit ist es eine *Geschichte des Wutanfalls*. Und die *Geschichte des Geheimnisses* in dir verrät, wie du sie benutzt hast, um Trennung aufrechtzuerhalten, deinen Willen durchzusetzen und in deinem eigenen Leben das Sagen zu haben, während du dennoch das Gefühl hattest, ein Opfer zu sein, und dich aufgeopfert hast.

Wenn du es wüsstest, wie alt warst du, als dies geschehen ist?
Wenn du es wüsstest, wer war bei dir?
Wenn du es wüsstest, worin bestand dieses Schlüsselereignis?

Nutze deine Intuition oder denke darüber nach, welches Ereignis du benutzt hast, um dich preiszugeben. Sobald du die Szene vor Augen hast, denke darüber und über deinen gegen deine Eltern und Gott gerichteten Wutanfall nach, der an diesem Punkt begonnen hat. Worum ging es dabei? Wie hast du ihn benutzt, um unabhängig zu sein und dein Ego zu stärken? Wozu hast du den Vorfall noch benutzt? Welche Geschichten hast du an diesem Punkt angefangen oder fortgesetzt? Was hast du aufgegeben, um diese dunklen Geschichten zu schreiben?

Wenn du durch die schmerzhaften Emotionen hindurchgehst, die du gegenüber deinen Eltern empfindest, dann triffst du zwangsläufig auf den Zorn, der sich unter dem Schmerz verbirgt. Spüre den Zorn, und folge ihm nach innen. Schon sehr bald wirst du deinen Wutanfall und deinen Zorn auf Gott spüren. Wenn du dem Zorn auf Gott folgst, dann wirst du schon bald deinen Wutanfall und deinen Angriff gegen Gott spüren. Geh weiter, und es wird schnell offenkundig, wie du Gott die Schuld an dem gegeben hast, was du selbst getan hast. Wenn du weit genug gehst, wirst du eine Geburt erfahren, die dich auf eine wunderbare und glückliche Stufe bringt. Manchmal erkennst du, wie lachhaft dein Wutanfall war, und lachst dich gleichsam durch deine Geburt hindurch. Du erfährst ein Bewusstseinserwachen, sodass dein Geist von vielen Konflikten befreit wird, die du mit dir herumgetragen hast, seit dieser Wutanfall begonnen hat. Du bist in einem so viel höheren Maße offen für Verbundenheit und Zugehörigkeit, dass an dem Ort in dir, wo vorher der Wutanfall und die Trennung waren, nun ein stilles Gefühl der Freude herrscht. Du fühlst dich der Natur, anderen Menschen und Gott in viel höherem Maße verbunden, bist in viel höherem Maße verfügbar und kannst dein Leben deshalb auch in viel höherem Maße genießen.

Als Gott dich erschuf, hat er dir nur Liebe und Glücklichsein zuteil werden lassen. Diese Aspekte des Seins wurden durch Geschichten ersetzt, die du über dich selbst erfunden hast. Worum ging es dabei?

Was willst du nun mit den dunklen Geschichten, die du erfunden hast, tun? Wenn diese Geschichten dir nicht gefallen, kannst du sie loslassen, weil du sie erfunden hast. Sie können nun durch himmlische Geschichten ersetzt werden, und du kannst näher zu der Essenz zurückkehren, in der du erschaffen wurdest. Das Loslassen deiner dunklen Geschichten kann dich zu einer **Geschichte des goldenen Lebens** zurückführen, die Teil deiner Bestimmung ist.

Du kannst die wahre Absicht zurückgewinnen, die deine Seele für dieses Leben geplant hatte. Wenn das Schlüsselereignis, in dem du dich selbst preisgegeben hast, von allem Widerstand und aller Schuldzuweisung befreit ist, dann kannst du die dunklen Geschichten loslassen, die daraus hervorgegangen sind. Lege sie in die Hände Gottes und nimm wahr, was dir stattdessen gegeben wird. *„Ich bin, wie Gott mich schuf"* ist eine der wichtigsten Lektionen in *Ein Kurs in Wundern*.

Verpflichte dich dir selbst, und verpflichte dich dazu, auf eine ganz neue Stufe zu gelangen. Bitte um die Hilfe des Himmels.

Übung der Geburt

Kehre zu dem Ereignis zurück. Folge dem negativen Gefühl. Kehre zur stärksten Emotion zurück und fühle dich hindurch. Lehne dich richtig hinein. Übertreibe sie. Sie wird dich automatisch zur nächsten Emotion führen, so wie du ein Papiertuch nach dem anderen aus dem Behälter ziehst. Folge deinen

Emotionen. Sei neugierig darauf. Nimm jede Empfindung wahr. Sobald du durch den Verlust und Schmerz hindurchgelangt bist, wirst du den Zorn spüren. Er ist das Fundament des Egos. Spüre deinen Zorn. Wenn du deine Emotionen benutzen willst, um eine Geburt herbeizuführen, dann urteile nicht, sondern erfahre sie einfach. Das Ego benutzt Angriff als Grundlage, und deshalb verbirgt sich Zorn unter dem Schmerz. Beobachte und erfahre diesen Zorn. Nimm ihn an. Wenn du für die Geburt bereit bist, wird er sich in deinen Zorn auf Gott verwandeln. Denke nicht darüber nach. Erfahre ihn, denn das ist der einzige Weg, der eine Geburt herbeiführen kann. Irgendwann wird dein Zorn auf Gott einfach platzen oder in sich zusammenfallen. Freude erwartet dich, wenn dieser Eckpfeiler des Egos den Weg frei macht. Dein Ego ist nun kleiner geworden, und die Verbundenheit ist gewachsen. Es ist ein kleiner Schritt des Erwachens auf dem Weg hin zum großen Erwachen, und du wirst dein Leben in viel höherem Maße genießen können. Während du durch den Zorn hindurchgehst, wird irgendwann Gnade in deine Erfahrung einströmen, um den Fluss der Emotionen zu beschleunigen. Wenn du auf die Gnade achtest, wird sie die Geburt relativ schnell voranbringen. Folge dem Prozess, bis du dich erneut zu dem gebierst, was du vor so langer Zeit verloren und preisgegeben hast. Die Geburt auf dieser Stufe wird eine Neugeburt in deiner Beziehung und das Erwachen zu einer neuen Stufe des Glücklichseins bewirken.

Wenn deine Beziehung zu einer Verschwörung geworden ist

Wenn deine Beziehung zu einer Verschwörung wird, dann gibst du die Hoffnung auf. Die Möglichkeit, dass du einen Ausweg aus deinem gegenwärtigen Konflikt finden könntest, schwindet, und der Weg voran erscheint unpassierbar. Du befindest dich in einer unmöglichen Situation, und du leidest sehr. Eine Verschwörung ist eine Falle, die das Ego so aufgestellt hat, dass es keinen Weg zu geben scheint, der hindurchführt. Verschwörungen sind narrensicher, aber sie sind keineswegs sicher vor Gott. Ich habe herausgefunden, dass wir kein Problem haben, für das wir die Antwort nicht bereits in uns tragen. Soweit ich es erkennen kann, besteht der Zweck unseres Daseins auf der Erde darin, zu lernen und heil zu werden. Heilung ist in Wirklichkeit das Verlernen der Glaubenssätze, der verborgenen Absichten und der Getrenntheit, die unser Leben zur Hölle machen.

Eine Verschwörung ist von Geheimhaltung abhängig. Sobald du merkst, dass eine Verschwörung im Gange ist, brauchst du dich nicht mehr länger an ihr zu beteiligen. Das Ego ist davon abhängig, dass deine Verschwörungen im Unbewussten vergraben bleiben, damit du sie keiner Prüfung unterziehen kannst. Deine Verschwörungen sind entstanden, weil du nicht auf dein höheres Bewusstsein, sondern auf dein Ego gehört hast. Du bist dem Rat deines Egos gefolgt, und es hat dich in eine Klemme gebracht, aus der du weder ein noch aus weißt.

Einstein hat einmal gesagt, dass ein Problem auf einer höheren Bewusstseinsstufe gelöst werden muss als der, auf der es entstanden ist. Für Verschwörungen gilt dies in ganz besonderem Maße. Deine Verschwörungen sind durch deine Entscheidung entstanden, und auf ähnliche Weise können sie sich auch wieder auflösen. Dir bewusst zu werden, dass eine Verschwörung im Gange ist, heißt, dass du die Schlacht schon halb gewonnen hast. Wenn du sie erkennst, dann kannst du die Entscheidung treffen, sie zu verändern. Und was dir unmöglich erscheint, ist für den Himmel eine ganz einfache Sache.

In ***Ein Kurs in Wundern*** heißt es, dass der Himmel für jedes Problem, das du für dich selbst erschaffst, ein Wunder bereithält. Deine Rolle besteht in der Bereitschaft, es zu empfangen. Für manche Menschen stellt dies eine große Herausforderung dar. Ein Wunder würde dich zwangsläufig verändern, aber es kann auch in einem direkten Widerspruch dazu stehen, wie du selbst die Welt siehst. Manche Menschen würde es überwältigen, wenn ihnen ein Wunder zuteil würde, was ihren relativ großen Mangel erklärt, wenn es darum geht, was für sie verfügbar ist. Wunder werden dir bereits jetzt geschenkt, sodass du nicht mehr tun musst, als darum zu bitten, offen zu sein. Wenn dein Wunsch nach einem Wunder größer wird als deine Angst, dann kannst du haben, was bereits gegeben wurde.

Ein anderer, allgemeiner Weg, eine Verschwörung zu beenden, besteht darin, die Trennung zu beenden. Wenn die Menschen in einer Beziehung oder einer Familie sich miteinander verbinden, dann wächst die Zusammenarbeit, und Lösungen stellen sich ein, denn durch die Wiederherstellung der Verbundenheit fallen die Angst, der Groll, die Urteile, die Konflikte und die Schuld fort, die ein Problem am Leben erhalten. Diese

Dynamiken, die Menschen in der Trennung festhalten, lösen sich auf, wenn du dich mit einem anderen Menschen verbindest. Deshalb weise ich in meinem Buch *Beziehungs-Notfall-Set* darauf hin, dass die einzige Richtung, die in einer Beziehung zum Erfolg führen kann, das Zugehen auf deinen Partner ist. Es bewirkt, dass die Verbundenheit wiederhergestellt wird, die keinen Raum lässt, in dem ein Problem entstehen könnte, und gehört zu den einfachen Prinzipien der Heilung, die eine Beziehung glücklich sein lassen. Beziehungsangelegenheiten sind nicht nur die Grundursache aller Probleme, sondern, wenn sie geheilt werden, auch das, was Erfolg bringt und dem Leben einen Sinn verleiht.

Die Wurzel deiner Beziehungsverschwörung

Zehn Jahre vor Beginn der eigentlichen Erforschung von Verschwörungen habe ich bereits ein Prinzip entdeckt, demzufolge Groll gegen einen anderen Menschen an der Wurzel jedes Problems liegt. Dein Problem ist ein anklagender Finger, den du auf einen anderen Menschen richtest, um deine eigene Schuld zu projizieren. Wenn du also intuitiv erfassen kannst, gegen wen du einen Groll hegst, der zu dieser Verschwörung mit deinem Partner geführt hat, dann ist Vergebung das Prinzip, das dich von deiner jetzigen Verschwörung befreien kann. Sehr oft wirst du feststellen, dass der Groll schon sehr lange vor der ersten Begegnung mit deinem Partner entstanden ist und dass die Verschwörung mit deinem Partner nur ein Weg ist, um dem Menschen, gegen den du den Groll hegst, die Schuld an deinem Leiden zu geben.

Gott oder Ego

Letztlich werden dir ständig alle guten Dinge von Gott geschenkt. Leider kommt nur sehr wenig davon wirklich bei dir an, weil das Ego eine Blockade errichtet hat. Weil du dich auf die Seite deines Egos und der Getrenntheit geschlagen hast, hast du dich auf einen Autoritätskonflikt kosmischen Ausmaßes eingelassen. Aus Angst verdrängst du natürlich das Bewusstsein, dass du Gott zum ultimativen „Schurken" und zu deinem größten Feind gemacht hast, und wendest dich deshalb nicht der göttlichen Präsenz zu, um sie um Hilfe zu bitten. Anders als Eltern, die auf ihr Kind wütend werden, weil es einen Wutanfall hat, bleibt Gott angesichts deiner Illusionen und deines Angriffs unbewegt. Gott weiß, dass du noch immer eins mit ihm bist. Für Gott hat das Einssein nicht aufgehört. Die ekstatische Liebe und Verzückung des Einsseins haben deshalb nichts von ihrer Kraft verloren. Du hingegen hast geträumt, dass das Einssein für dich geendet hat. Du kämpfst stärker für deine Unabhängigkeit und deine Trennung als für Liebe, Fülle und Erfolg. Wenn du deine Rebellion überwindest, dann lässt du sowohl auf persönlicher als auch auf kosmischer Ebene ein höheres Maß an Liebe zu. Den in dir vergrabenen Kampf aufzugeben, gibt dir die Möglichkeit, mit deinem Selbst in Kontakt zu kommen. Hier ist dein Geist mit allem **Geist** eins, ist sowohl ein Lichtschimmer als auch der Lichtozean selbst. In dem Maße, in dem du diese absurde Verdrängung des Geistes aufgibst, kehrt die Erinnerung an das Selbst zurück und du erlebst kosmische Gipfelerfahrungen des wahren Zustandes von Liebe und Licht, der in dir existiert, und dein Bewusstsein entwickelt sich weiter, während es geschieht.

Was Verschwörungen verbergen

Dass es Verschwörungen gibt, erkannte ich zum ersten Mal, als ich intensiv mit der Erforschung des Ödipus-Komplexes befasst war. Nach fünfjährigem Studium wurde mir klar, dass der Ödipus-Komplex zwar aufgelöst werden kann, seinerseits aber vom Ego als ein psychologischer Morast erschaffen wird, von dem die meisten Menschen insbesondere deshalb keine Ahnung haben, weil er größtenteils im Unterbewusstsein verborgen bleibt. Als ich entdeckte, dass es sich dabei um eine Verschwörung handelt, erkannte ich, dass er nicht nur auf unterbewussten Beziehungs- und Familienebenen, sondern auch auf unbewussten Ebenen abläuft. Dasselbe Konkurrenzmuster, das die ödipale Verschwörung und fast alle Probleme mit deinem Partner erzeugt, hat auch deinen Autoritätskonflikt mit Gott entstehen lassen.

Das Ego verfolgt mit Verschwörungen vor allem das Ziel, deine Lebensaufgabe vor dir zu verstecken. Du fürchtest dich vor deiner eigenen Größe und vor der deiner Aufgabe, und Verschwörungen liefern dir genau die Ausrede, die du brauchst, um ihr aus dem Weg zu gehen. Du erkennst nicht, dass deiner Lebensaufgabe aus dem Weg zu gehen bedeutet, einem heiligen Versprechen aus dem Weg zu gehen, das du auf Seelenebene gegeben hast. Dadurch, dass du deiner Lebensaufgabe aus dem Weg gehst, bringst du dich um die Möglichkeit der Erfüllung. Du hast nicht nur eine eigene Aufgabe, sondern mit deinem Partner zusammen auch eine gemeinsame Aufgabe als Paar.

Natürlich besteht die Aufgabe mit deinem Partner darin, das Glück zu genießen, das durch Liebe entsteht, und die Befreiung, die durch Heilung entsteht und Liebe zu einer anhaltenden Erfahrung macht. Deine Beziehung ist der Dampfkochtopf, der den alten Schmerz, Groll und unerledigte Geschäfte in Form von gegenwärtigen Problemen zutage fördert, damit sie in oder durch deine Beziehung geheilt werden können. Heilung bringt dir Ganzheit, und Ganzheit bringt Unschuld, Liebe und den Wunsch zu teilen mit sich.

Das Ego benutzt Verschwörungen aber nicht nur, um deiner Lebensaufgabe aus dem Weg zu gehen, sondern auch für die Dynamiken von Trennung, Autoritätskonflikt, Angst, Rache, Schuld, Konkurrenz, Aufbau des Egos oder Rechthaberei. Du glaubst, dass diese heimlichen Belohnungen dich irgendwie befriedigen werden, aber das tun sie niemals, weil es Abwehrstrategien sind. Schon ihr Wesen als Abwehrstrategie sorgt dafür, dass sie irgendwann genau das heraufbeschwören, was sie eigentlich verhindern sollten. Wenn jemand beispielsweise Angst kompensiert, indem er sich zu sehr bemüht, dann führt dies normalerweise zu einem selbstschädigenden Verhalten, das die Angst weiter vergrößert oder seine Überzeugung verstärkt, dass er diese Angst verdient hat. Das vergrößert seine

Angst nur noch mehr und führt zu weiteren Formen abwehrenden Verhaltens.

Wenn dein Partner zu deinem Schatten geworden ist

Wenn dein Partner dir finster oder hassenswert erscheint, dann ist er zu deinem Schatten geworden. Als dein schlimmster Alptraum spiegelt er Selbstkonzepte wider, die fast immer verdrängt oder zumindest unterdrückt werden. Obwohl sie tief in deinem Unterbewusstsein vergraben sind, können sie dennoch dein Leben programmieren. Die Tatsache, dass dein Partner dieses problematische Verhalten auslebt, ist der Beweis. Wenn dein Partner zu deinem Schatten geworden ist, dann willst du meist eine so große körperliche oder emotionale Distanz wie nur möglich zwischen dich und ihn legen. Das kann notwendig sein, wenn er gewalttätig ist oder dich missbraucht, aber selbst dann ist es von entscheidender Bedeutung, dass du diese Angelegenheit heilst, weil das Problem letztlich in dir selbst liegt. Wir werden eine Reihe von Möglichkeiten erkunden, wie du diese Heilung vollbringen kannst, die euch beide von diesem Verhalten befreien wird.

Auf der Ebene des Unterbewusstseins lebt dein Partner ein Muster aus, das eine Lektion darstellt, die du früher schon einmal gesehen, aber nicht gelernt hast, sodass sie in der gegenwärtigen Situation zu einer Prüfung geworden ist. Ebenfalls auf einer unterbewussten Ebene bestrafst du dich für irgendeinen Vorfall aus der Vergangenheit, der zu deiner jetzigen negativen Erfahrung geführt hat. Bei den unzähligen Problemen, die ich in den fast vier Jahrzehnten meiner Arbeit auf dem Gebiet der Heilung gehört habe, ist klar geworden, dass diese Selbstbestrafung von einem Ort falschen Urteils herrührt, das du über dich selbst gefällt hast. Dennoch ist es diese Selbstverurteilung, die dich dazu gebracht hat, für die Vergangenheit bezahlen zu wollen, indem du dich selbst angreifst. Das ist Schuld, und es ist von ganz entscheidender Bedeutung, dass du das Missverständnis transformierst und die Verbundenheit wiederherstellst, die zu Erfolg in der Gegenwart führt. Schuld führt zu Bestrafung, und jede negative Erfahrung, die du machst, ist ein Versuch, dich für eine Vergangenheit zu bestrafen, die noch nicht einmal wahr ist.

Wir werden anschließend einige Übungen durchführen, um die Schattenfiguren zu transformieren, die dein Partner auf unterbewussten und unbewussten Ebenen für dich auslebt.

Wir wollen mit dem Muster aus der Vergangenheit beginnen. Was dir zuerst in den Sinn kommt, ist vielleicht ein Ereignis, das erst kürzlich oder in deinen Jugendjahren geschehen ist. Das ist aber nicht die Wurzel des Musters, sondern es sind Äste des Baums, der aus einer tieferen Wurzel emporwächst. Die Wurzel liegt in deiner Kindheit, obwohl das Problem in der Form, in der es in der Kindheit zum Ausdruck gekommen ist, meist eine noch tiefere Wurzel hat, die auf einen bestimmten Monat im Mutterleib zurückgeht. Nutze diese Übung, um zumindest bis in deine Kindheit zurückzugehen, auch wenn das bedeutet, dass du eine Reihe von Ereignissen heilen musst, um dorthin zu gelangen. Wiederhole die Übung einfach, bis du dort angekommen bist, wo deiner Meinung nach der Ort liegt, an dem das Muster entstanden ist.

Kindheitsmuster

Frage dich:

Wenn ich wüsste, wann das Problem angefangen hat, dann war es vermutlich im Alter von ....

Wenn ich wüsste, wer damals anwesend war, dann war(en) es wahrscheinlich ....

Wenn ich wüsste, was damals passiert ist und dieses Problem in Gang gesetzt hat, dann war es vermutlich ....

Wahrscheinlich hast du die negativen Emotionen und Muster dieses Ereignisses von einem der anwesenden, für dich sehr wichtigen Menschen übernommen. Jetzt ist es an der Zeit, dieses Ereignis zu transformieren, damit du die Gaben und die Gnade empfängst, die ebenfalls vorhanden waren.

Frage dich:

Wenn ich wüsste, welche Seelengabe oder Seelengaben ich in diese Situation mitgebracht habe, um den Menschen, die dort bei mir waren, zu helfen, dann war es vermutlich ....

Wenn ich wüsste, was der Himmel mir für die Menschen geben wollte, die an der Situation beteiligt waren, dann war es vermutlich ....

Empfange die Gaben des Himmels. Öffne die Tür in deinem Geist, hinter der die Seelengabe wartet, die du für dich selbst und die anderen an der Situation beteiligten Menschen mitgebracht hast. Teile diese Gaben nun mit den Menschen, die gemeinsam mit dir in der Situation anwesend waren. Gestatte diesen Gaben und dem Erfolg dieser Heilung, den Platz deiner negativen Emotionen und negativen Muster einzunehmen. Wiederhole die Übung, bis du den ganzen Weg zum ursprünglichen Ereignis in deiner Kindheit oder im Mutterleib zurückgegangen bist.

Selbstbestrafung

Frage dich:

Wenn ich wüsste, wann das Ereignis, für das ich mich selbst bestrafe und das zu den jetzigen Umständen geführt hat, stattgefunden hat, dann war es vermutlich im Alter von ....

Wenn ich wüsste, wer daran beteiligt war, dann war es vermutlich ....

Wenn ich wüsste, was damals geschehen ist, das mich zu dem Glauben gebracht hat, mich selbst bestrafen zu müssen, dann war es vermutlich ....

Wenn ich wüsste, wessen Schuld ich auf mich genommen habe, indem ich einem an diesem Ereignis beteiligten Menschen nicht geholfen habe, dann war es vermutlich ....

Wenn ich wüsste, wie ich diese Schuld im Dienst meines Egos eingesetzt habe, dann war es durch ....

Wenn ich wüsste, welche Gabe ich mitgebracht habe, um die an diesem Ereignis beteiligten Menschen zu heilen, dann war es vermutlich ....

Wenn ich wüsste, welche Gabe der Himmel mir für die Menschen geben wollte, die an diesem Ereignis beteiligt waren, dann war es vermutlich ....

Empfange die Gabe des Himmels, und öffne dein Herz, deinen Geist und deine Seele, um deine eigene Gabe zu empfangen. Teile sie mit den Menschen, die an dem Ereignis beteiligt waren. Liegt der Ursprung des Ereignisses nicht in der Kindheit, dann wiederhole die Übung wiederum so oft, bis du an den ursprünglichen Ort zurückgekehrt bist, an dem du das Gefühl hast, dass das gesamte Muster sich vollständig aufgelöst hat.

Selbstkonzepte

Frage dich, wie groß die emotionale Distanz zwischen dir und deinem Partner ist. Stelle dir vor, dass du ihm in dieser Entfernung gegenüber stehst. Was fühlst du? Wie nimmst du deinen Partner wahr? Ziehe deine Projektion zurück. Alle Wahrnehmung ist eine Projektion unserer eigenen Selbstkonzepte. Was du siehst, steht für das, was du von dir selbst glaubst, und für eine Entscheidung. Du verfolgst einen verborgenen Zweck, wenn du deinen Partner auf eine bestimmte Weise siehst. Dies kann Angst vor Nähe, das Bedürfnis nach Unabhängigkeit oder Rebellion gegen deinen Partner, deine Eltern und Gott sein. Sobald du siehst und spürst, wie du deinen Partner wahrnimmst, ziehe deine Projektion zurück. Sie ist eines deiner Selbstkonzepte. **Sieh dich selbst** so, wie du deinen Partner gesehen hast. Es ist durchaus möglich, dass du aufgrund von Leugnung und verborgener Schuld auf Widerstand stößt, denn genau deshalb hast du dein Selbstkonzept auf deinen Partner projiziert. Sieh und spüre dich selbst also so, wie du deinen Partner gesehen und gespürt hast.

Bei dieser Übung durchläufst du normalerweise einen Zyklus, der mit Widerstand beginnt, gefolgt von der Erfahrung der Wahrnehmung deiner selbst, auf die ihrerseits Annehmen und schließlich ein Gefühl der Befreiung folgt. Wenn du das Selbstkonzept kompensiert und geleugnet hast, dann ist dein Widerstand besonders groß, weil du genau entgegengesetzt zu diesem Selbstkonzept gehandelt hast. Die Kompensation ist vermutlich eine Rolle, Aufopferung oder Geben ohne Empfangen, weil sie in erster Linie eine Abwehrstrategie ist. Sie sieht gut aus, dient aber nur dem Zweck, die Schuld zu verbergen. Eine Kompensation ruft Leblosigkeit hervor. Sie soll verbergen, dass du eine bestimmte Eigenschaft auf einen Menschen in deiner Umgebung projizierst. Sie beseitigt nicht die Schuld. Dafür bestrafst du dich immer noch und schleppst zusätzlich auch noch eine Rolle mit dir herum.

Sobald du diese Eigenschaft „in Besitz genommen" und losgelassen hast, frage dich, wie viele Schritte du jetzt von deinem Partner entfernt bist, wie sich die Situation jetzt anfühlt und wie du deinen Partner aus dieser Entfernung wahrnimmst. Wiederhole die Übung, bis du ihn umarmen kannst. Du kannst die Heilung beschleunigen, indem du die Eigenschaft, die du auf ihn projiziert hast, übertreibst und selbst auslebst. Diese Übung besitzt eine große heilende Kraft und ist, richtig ausgeführt, ganz allein imstande, deine Beziehung zu transformieren. Deshalb möchtest du vielleicht um die Hilfe des Himmels bitten, ehe du damit beginnst.

Heilung auf Ahnenebene

Frage dich, was in der Familie deines Vaters von einer Generation zur nächsten weitergegeben wird, das deine Beziehung beeinträchtigt. Dies kann eine Geschichte, eine Verschwörung, eine Emotion oder irgendein zerstörerisches Muster sein. Die Erde ist die Ebene, auf der Transformation stattfindet, und du bist das Familienmitglied, das noch an diesem großen Spiel teilnimmt. Du kannst das Muster für alle heilen. Wie es scheint, haben wir auf einer Seelenebene alle dieses Versprechen gegeben, unseren Ahnen zu helfen.

Frage dich nun:

Wenn ich wüsste, welche Seelengabe ich in dieses Leben mitgebracht habe, um diese Sache zu heilen und meine Ahnen von diesem Karma zu befreien, dann ist es vermutlich ....

Wenn ich wüsste, welche Gabe der Himmel mir geben will, um die Familie meines Vaters zu heilen, dann ist es vermutlich ....

Öffne die Tür in deinem Geist, die zu deiner Gabe führt, und empfange die Gabe des Himmels. Ströme diese Gaben in deinen Vater ein. Ströme die Gaben dann in die Familie deines Vaters ein und befreie deine Ahnen von diesen Ketten.

Wiederhole die Übung mit der Familie deiner Mutter.

Ich habe herausgefunden, dass du auch eine Seelengabe mitgebracht hast, um die Ahnen deines Partners zu heilen und dadurch ihn, dich selbst und eure Kinder zu befreien.

Frage dich nun:

Wenn ich wüsste, was in der Familie des Vaters meines Partners von Generation zu Generation weitergegeben wird, dann ist es vermutlich ....

Wenn ich wüsste, was in der Familie der Mutter meines Partners von Generation zu Generation weitergegeben wird, dann ist es vermutlich ....

Worin besteht die Gabe, die ich für die Familien des Vaters und der Mutter meines Partners mitgebracht habe?

Worin besteht die Gabe, die der Himmel dir für die Familien des Vaters und der Mutter deines Partners geben will? Gib diese Gaben weiter an deinen Partner und an die Generationen seines Familienbaums, um ihn selbst, seine Eltern und seine Ahnen zu befreien. Sobald du diese Gaben durch die Generationen des Ahnenbaums deines Partners weitergegeben hast, nimm wahr, wie sie sich im Familienbaum ausbreiten und auch Tanten, Onkel, Cousinen, Cousins, Neffen, Nichten und schließlich deine eigene Beziehung und eure Kinder erreichen.

Andere Leben

Im Laufe der Jahre habe ich entdeckt, dass andere Leben – oder die Metapher anderer Leben – sich auf gegenwärtige Beziehungen auswirken. Diese Vorstellung half mir, eine Erklärung dafür zu finden, wie negative Muster sich extrem schnell aufbauen können oder wie jemand sehr bösartig handeln kann, ohne provoziert worden zu sein. Wenn du nicht an andere Leben glaubst, dann betrachte diese Ebene ganz einfach als eine Metapher für das Muster selbst, so wie deine nächtlichen Träume eine Geschichte erzählen, die auf eine metaphorische Weise das widerspiegelt, womit dein Bewusstsein gerade beschäftigt ist. Dir diese Fragen zu stellen und das, was zutage tritt, zu heilen, hat die Kraft, zerstörerische Muster aufzulösen, und zwar unabhängig davon, ob du es im wirklichen oder in einem übertragenen Sinne betrachtest.

Frage dich:

Wenn ich wüsste, wie oft ich in anderen Leben mit meinem Partner zusammen war, dann waren es vermutlich ....

Wenn ich wüsste, wie viele Leben für die gegenwärtige Situation von Bedeutung sind, dann sind es vermutlich ....

Wenn ich wüsste, wie viele dieser Leben zentrale Leben sind, die geheilt werden müssen, um das gesamte negative Muster mit meinem Partner zu transformieren, dann sind es vermutlich ....

Kehre nun zum ersten dieser zentralen Leben zurück.

Wenn ich wüsste, in welchem Land ich gelebt habe, dann ist es das Land, das heute .... heißt.

Wenn ich wüsste, ob ich ein Mann oder eine Frau war, dann war ich vermutlich ....

Wenn ich wüsste, was für eine Beziehung ich damals zu meinem Partner hatte, dann war es vermutlich ....

Wenn ich wüsste, was damals geschehen ist, das sich auf mein heutiges Leben auswirkt, dann war es vermutlich ....

Wenn ich wüsste, welche Lektion ich in diesem damaligen Leben lernen wollte, dann war es vermutlich ....

Wenn ich wüsste, welche Lektion ich jetzt mit meinem Partner lernen will, dann ist es vermutlich ....

Wenn ich wüsste, welche Gabe ich meinem Partner in diesem damaligen Leben geben wollte und welche Gabe ich allen anderen Menschen geben wollte, dann waren es vermutlich die Gaben ....

Wenn ich wüsste, welche Gabe der Himmel meinem Partner geben wollte und welche Gabe ich vom Himmel empfange sollte, damit ich sie mit allen Menschen teile, dann waren es vermutlich die Gaben ....

Empfange nun die Gaben des Himmels, und öffne deine eigenen Seelengaben, die in dieser Zeit und an diesem Ort auf dich gewartet haben. Teile diese Gaben mit deinem Partner, wenn du ihm in diesem damaligen Leben begegnest, und teile sie mit allen Menschen in diesem Leben, bei deiner Kindheit angefangen.

Wie entwickelt sich dieses Leben jetzt?

Bringe die Energie dieses geheilten Lebens durch alle deine anderen Leben und auch durch das ganze jetzige Leben mit zurück, bis du im gegenwärtigen Augenblick angekommen bist.

Wie fühlt es sich jetzt an?

Kehre nun zum zweitwichtigsten dieser zentralen Leben zurück und wiederhole den Prozess. Kehre anschließend zu allen zentralen Leben zurück und wiederhole den Prozess, um dich selbst und deinen Partner von altem Karma zu befreien, damit ihr die Gegenwart gemeinsam genießen könnt.

Dein Partner als dein Spiegel
Teil A - Selbstkonzepte

Das Wesen der Wahrnehmung besteht darin, dass du das siehst, was du zu sein glaubst. Die Erfahrungen, die du in der Welt machst, zeigen dir, welche Glaubenssätze du über dich selbst hast. Deine Glaubenssätze bestimmen deine Wahrnehmung, und jeder Glaubenssatz ist ein Selbstkonzept. Deine Umwelt spiegelt das wider, was du auf unterbewussten und unbewussten Ebenen in dir trägst.

Dein Partner ist ein ganz wesentlicher Teil der Selbstkonzepte, die deine Seele in diesem Leben transformieren will. Indem ihr gemeinsam an eurer Heilung arbeitet, kannst du die Selbstkonzepte, die du verurteilt, abgetrennt, verdrängt und nach außen projiziert hast, annehmen, ihnen vergeben, sie integrieren und dadurch befreien. Das bringt innere Ganzheit und äußere Nähe. Gaben, die nur ein Partner besaß, gehören nun beiden Partnern, und Probleme lösen sich auf.

Dies gilt auch für deine Kinder, deine Eltern und deine früheren Partner. Um ein hohes Maß an Heilung zu erzielen, kannst du die folgende Übung nicht nur mit deinem Partner, sondern auch mit deinen Eltern durchführen, die gleichsam die Vorgeschichte zu deinem jetzigen Beziehungskummer sind.

Frage dich:

Wenn ich wüsste, wie viele Selbstkonzepte ich habe, die genau wie mein Partner sind, dann sind es vermutlich ....

Stelle dir vor, dass du sie alle vor dir siehst, wie viele es auch immer sein mögen. Verschmelze sie zu einem einzigen großen Selbstkonzept, das genau wie dein Partner ist. Schmelze dieses Selbstkonzept dann mit Hilfe deines Engels und deines höheren Bewusstseins, bis es zu dem Licht geworden ist, aus dem alles besteht. Lasse dieses Licht in dich einströmen. Wie fühlt sich das an?

Teil B – Konzepte aus vergangenen Leben

Frage dich nun:

Wenn ich wüsste, in wie vielen vergangenen Leben ich genau wie mein Partner war, dann sind es vermutlich ....

Gehe zu dem zentralen Leben, in dem das gesamte Muster entstanden ist, und frage dich:

Wenn ich wüsste, in welchem Land ich gelebt habe, dann ist es das Land, das heute .... heißt.

Wenn ich wüsste, ob ich ein Mann oder eine Frau war, dann war ich vermutlich ....

Wenn ich wüsste, wie mein Leben damals verlaufen ist, dann war es vermutlich ....

Wenn ich wüsste, wie dieses Leben sich letztendlich entwickelt hat, dann war es vermutlich ....

Wenn ich wüsste, welche Lektion ich in diesem damaligen Leben lernen wollte, dann war es vermutlich ....

Wenn ich wüsste, welche Seelengaben ich in diesem damaligen Leben geben wollte, dann waren es vermutlich ....

Wenn ich wüsste, welche Gabe der Himmel mir geben wollte, um den Menschen in diesem damaligen Leben zu helfen, dann war es vermutlich ....

Sieh dich selbst als kleines Kind in diesem damaligen Leben. Stelle dir vor, dass du die Seelengabe öffnest, die du für die Menschen mitgebracht hattest, und dass du die Gabe des Himmels empfängst. Teile sowohl deine eigene Gabe als auch die Gabe des Himmels mit allen Menschen und Dingen, denen du in diesem damaligen Leben begegnest.

Wie entwickelt sich dieses Leben jetzt?

Bringe die Energie dieses geheilten Lebens durch alle deine anderen Leben und auch durch das ganze jetzige Leben mit zurück, bis du im gegenwärtigen Augenblick angekommen bist.

Wie fühlt es sich jetzt an?

Wenn du das Gefühl hast, zu einem der anderen Leben zurückkehren zu müssen, um eine vollständige Befreiung zu erreichen, dann wiederhole diese Übung mit diesen anderen Leben.

Die Beziehung zentrieren

Bitte um die Hilfe des Himmels. Bitte Gott oder denjenigen, der in deiner geistigen Mitte und in der geistigen Mitte deines Partners stehen soll, um Hilfe.

Frage dich:

Zu wie viel Prozent bin ich selbst außerhalb meiner Mitte, und zu wie viel Prozent ist mein Partner außerhalb seiner Mitte?

Welche Auswirkungen hat dies auf meine Beziehung?

Derjenige, den du in deine Mitte gerufen hast, übernimmt nun die Verantwortung dafür, deine Beziehung zu heilen. Er ruft euch beide in eure jeweilige Mitte zurück und umarmt euch. Danach ruft er alle eure Glaubenssätze und Glaubenssysteme, die eure Beziehung stören, in eure jeweilige Mitte zurück, wo er sie zum Schmelzen bringt und integriert, sodass Ganzheit entsteht, wo zuvor Probleme waren. Anschließend werden eure verborgenen Selbstaspekte und Schattenfiguren in eure Mitte zurückgerufen, um integriert zu werden. Dann werden alle dunklen Geschichten und Verschwörungen zur Integration in eure Mitte zurückgerufen.

Wie fühlt es sich bisher für dich an?

Wie siehst du deinen Partner und deine Beziehung jetzt?

Eure Machtkämpfe, Rollen, Regeln, Pflichten und Abwehrmechanismen werden als nächstes in eure jeweilige Mitte zurückgerufen, damit sie gemeinsam mit etwaigen dunklen Emotionen, die eine Auswirkung auf eure Beziehung haben, integriert werden können.

Wie siehst du deinen Partner und deine Beziehung jetzt?

Bitte nun darum, dass alle eure unbewussten Muster in eure Mitte zurückgeführt werden.

Wie fühlst du dich nun, und wie siehst du deinen Partner und deine Beziehung jetzt?

Bitte darum, dass nun alle Ahneneinflüsse, die euch immer noch zurückhalten, in eure Mitte gebracht werden, um geschmolzen zu werden.

Bitte dann darum, dass alle Angelegenheiten aus vergangenen Leben, die sich noch immer auf euch auswirken, in eure Mitte zurückgebracht werden, damit Ganzheit entstehen kann.

Wie fühlst du dich nun, und wie siehst du deinen Partner und deine Beziehung jetzt?

Als nächstes werden alle eure Idole oder falschen Götter, zusammen mit jedem Ort, an dem Anhaftung und Festhalten anstelle von Verbundenheit herrschen, in eure Mitte zurückgerufen, damit sie integriert werden können.

Dann werden alle eure unterbewussten Muster, die ihr in Bezug auf euch selbst, eure Familie und eure Beziehung habt, in eure Mitte zurückgebracht, damit sie integriert werden können.

Wie fühlt sich das an?

Nun werden alle Einflüsse aus dem kollektiven Unbewussten und dem kollektiven Ego in eure Mitte zurückgeführt, um integriert zu werden. Wie fühlt es sich für dich an, und wie siehst du deinen Partner und deine Beziehung jetzt?

Bitte als Nächstes darum, dass das Astrale oder dunkle Unbewusste in eure Mitte zurückgeführt und integriert wird. Wie fühlst du dich, und wie siehst du deinen Partner und deine Beziehung jetzt?

Bitte zum Schluss darum, dass alle uranfängliche Schuld, Unabhängigkeit und Angst aus dem Sündenfall – der ursprünglichen Trennung –, die für euch verfügbar sind, um geheilt zu werden, in eure Mitte zurückgebracht werden, damit sie integriert werden können. Wenn dies vollendet ist, prüfe noch einmal, wie du dich, deinen Partner und deine Beziehung jetzt siehst.

Eine Abkürzung zur Partnerschaft

Meine Frau und ich haben jeden einzelnen Schritt in den Stadien der Verliebtheit, des Machtkampfs, der toten Zone und der Führerschaft in unserer Beziehung persönlich ergründet, indem wir erfolgreich durch jeden Schritt hindurchgegangen sind und die andere Seite erreicht haben. Auf unserem Weg habe ich mir viele Dinge gemerkt, um sie anderen Menschen mitteilen zu können. Nun ergründen wir die Beziehungsschritte in den Bewusstseinsstadien der Vision und der Meisterschaft. Oft lernten wir, nachdem wir ein Stadium erfolgreich hinter uns gebracht hatten, dass es eine Abkürzung gibt, mit deren Hilfe man in diesem Schritt oder Stadium sehr viel Zeit sparen kann. Einige dieser Abkürzungen habe ich bereits erwähnt, wie zum Beispiel, dich dem nächsten Schritt oder der Gleichheit zu verpflichten. Beide stehen für die Entscheidung, deinem Partner zu geben, statt ihn zu verurteilen. Dies ist das Wesen der Vergebung, die das grundlegendste Prinzip der Heilung ist.

Sowohl Vergebung als auch Verpflichtung erkennen an, dass dein Partner oder deine Situation nur besser werden können, wenn du gibst. Geben verändert dich, und wie ich bereits sagte, können dein Partner und die Situation sich nur dann verändern, wenn du es auch tust. Deine Bereitschaft, weiterzugehen und dadurch Transformation zu bewirken, ist für den Erfolg deiner Beziehung von alles entscheidender Bedeutung. Es ist sehr leicht, es in der Beziehung immer nur um die Fehler deines Partners gehen zu lassen, aber wenn du es tust, dann berichtigst du deine eigenen mehr oder weniger gut versteckten Fehler nicht. Würdest du deine Fehler heilen, dann würde dein Partner über seine Fehler hinausgelangen.

Das Weibliche von ganzem Herzen annehmen

Ich möchte dir noch eine weitere Abkürzung zeigen, mit deren Hilfe du enorm viel Zeit sparen kannst. Sie stellt eine Alternative zu der Möglichkeit dar, jede kleine Sache dann zu heilen, wenn sie auftritt, und hat etwas damit zu tun, dass du deine weibliche Seite annimmst. Deine weibliche Seite annehmen heißt, dein Herz zurückzugewinnen, sodass du dort, wo du den Mut verloren hattest, neuen Mut gewinnst. Es bedeutet, alles daran zu setzen, Dissoziation zu überwinden, sodass du deine Emotionen als Hinweis für das nutzen kannst, was der Heilung bedarf. Es bedeutet, dich dem Empfangen zu verpflichten und den ursprünglichen Wert von Zugehörigkeit zu erkennen. Das Weibliche hat den Mut, zärtlich und mitfühlend zu sein in einer Welt, die hart und grausam sein kann. Das Weibliche fürchtet sich weder auf körperlicher noch auf emotionaler Ebene vor einer Geburt. Es geht eine Partnerschaft mit dem Himmel ein, um die Gnade zu empfangen, die in einer Situation gebraucht wird. Um das Weibliche zurückzugewinnen, gibt es ein zentrales Prinzip, das darin besteht, **sich dem Weiblichen zu verpflichten**. Dies bringt das unwahre, übertriebene Männliche ins Gleichgewicht, heilt es und lässt damit Partnerschaft zu. Auch wenn ich dir viele Schritte auf diesem Weg zeige, besteht das zentrale Prinzip darin, dich dem Weiblichen zu verpflichten und dein Herz voll und ganz zurückzubekommen. Verpflichte dich dem Weiblichen immer wieder neu, ganz gleich, welche anderen Prinzipien der Heilung du einsetzt.

Das Annehmen des Weiblichen beginnt mit der positiven Seite: wie sehr du liebst, wie offen und aufrichtig du bist, deine Fähigkeit zu fühlen, zu erfahren und zu genießen, deine Fähigkeit, Dinge zu verinnerlichen und zu transformieren, deine empathische Empfindsamkeit, deine emotionale Intelligenz, deine praktische Seite, dein natürliches Verständnis dafür, wie wichtig Beziehungen sind, und deine Verpflichtung gegenüber dem Leben. Wenn wir auf der Stufe der Abhängigkeit verletzt werden, dann bringen wir diese Verletzung und unsere Bedürfnisse irrtümlich mit dem Weiblichen in Verbindung, was dazu führt, dass wir das Weibliche und den Schmerz, den wir mit ihm verbinden, dissoziieren. Das Weibliche zurückzugewinnen und den damit verbundenen Schmerz zu heilen hilft uns, in die Mühelosigkeit und den Fluss zu gelangen, die mit Partnerschaft einhergehen.

In jedem Wachstumsstadium gibt es Elemente, die geheilt werden müssen. Auch wenn du einige Stadien bereits erfolgreich bewältigt hast, kann es für dein Wachstum sehr hilfreich sein, noch einmal zu den ersten Stadien zurückzukehren, um ein besseres Fundament zu schaffen. Wir wollen auf der Suche nach Heilung daher Schritt für Schritt vorangehen und das Weibliche anerkennen, das übergangenen Schmerz transformiert. Der wichtigste Aspekt zur Wiederherstellung des Weiblichen liegt darin, seine positiven Seiten wertzuschätzen und seine negative Seite zu heilen.

Stufen und Stadien

Die Stufen, die geheilt werden müssen, sind Abhängigkeit und Unabhängigkeit, und ihre Heilung führt zu wechselseitiger Abhängigkeit und Partnerschaft.

Zur abhängigen Stufe gehören das Stadium von Angst, Bedürfnis und Verlust, das Stadium von Herzensbruch und Nehmen sowie das Stadium von Aufopferung und Schuld. Sie führt zur unabhängigen Stufe mit dem Stadium von Erwartungen, Festhalten und Forderungen, dem Stadium von Kontrolle und Machtkampf sowie dem Stadium der toten Zone. Wenn du diese Lektionen erfolgreich gemeistert hast, bist du zur Stufe der wechselseitigen Abhängigkeit und Partnerschaft gelangt.

Wir beginnen unsere Beziehungen in der Abhängigkeit. Wir mögen von ganzem Herzen geben wollen, aber wo wir Verlust oder Herzensbruch erlitten oder auf andere Weise unsere Verbundenheit verloren haben, dort wollen wir auch nehmen. Das süße Weibliche des Kindes in uns hat nun eine dunkle Seite, nämlich den Wunsch, jemand anderen zu benutzen, um die Bedürfnisse erfüllt zu bekommen, die durch den Verlust der Verbundenheit entstanden sind. Das Ausmaß deiner verlorenen Verbundenheit mit ihrem verborgenen Wunsch nach Unabhängigkeit und Nehmen entspricht dem Maß, in dem du dich verlassen fühlst, an gebrochenem Herzen leidest und dich als Versager fühlst. Früher oder später kommt der Punkt, an dem du aus deinem Bedürfnis, deinem Schmerz und deiner Aufopferung heraus die abhängige Opferposition ablehnst. Dann dissoziierst und kompensierst du sie, indem du aus dem verletzten Weiblichen, in dem du von einem anderen Menschen abhängig bist, heraustrittst und in das übertriebene, unechte Männliche hineingehst. Wärest du nicht so verletzt, wäre dies ein natürlicher Abschluss, und deine Unabhängigkeit wäre eher ein Lernprozess des Ideenreichtums und weniger das dissoziierte Bedürfnis nach Unabhängigkeit mit seiner Unfähigkeit zu empfangen.

Darin liegt eines der großen Probleme der unabhängigen Stufe. Das Maß, in dem du auf der abhängigen Stufe verletzt wurdest, entspricht dem Maß, in dem du gleichsam das Kind mit dem Bade ausgeschüttet hast. Du hast deiner weiblichen Seite die Schuld gegeben und bist so in das übertriebene Männliche hineingegangen, das wiederum deinen Schmerz, deine Bedürfnisse und deinen verborgenen Widerstand gegen deine Ziele in deinem Unterbewusstsein vergräbt. Je tiefer in deiner unabhängigen Phase du dich befindest, umso stärker bist du im Zwiespalt hinsichtlich deiner Ziele, ob in Bezug auf Liebe oder in Bezug auf Erfolg. Das Ego hat das abhängige Opfer benutzt, um sich aufzubauen, und benutzt nun sich aufopfernden Märtyrer und den unabhängigen Rebellen, um sich noch weiter zu stärken. Deine Unfähigkeit zu empfangen lässt dein Handeln zu einer Form des Tuns werden, für das es nur Burnout, aber keine Belohnung gibt. Es ahmt Geben nach, das natürlich empfängt und erfrischt.

Das Weibliche anzunehmen heißt, dich auf natürliche Weise deiner emotionalen Intelligenz zu verpflichten. Es heißt, dass du deine Bedürfnisse nicht mehr verurteilst, sondern sie annimmst, damit sie geheilt werden können, statt sie und deine negativen Emotionen zu dissoziieren. Dann kannst du sie als Hinweis für die Lektionen benutzen, die du lernen musst, statt als Hinweis auf das, was dein Partner falsch gemacht hat. Du erkennst, dass du nicht nur deinen Schmerz dissoziiert, sondern gleichzeitig auch dein Herz preisgegeben hast. Infolgedessen hast du vor dir selbst verborgen, wie groß deine Angst vor Nähe und Erfolg ist.

Den Teil, den dein Partner auslebt, hast du meist als Kind abgespalten, weil du glaubtest, nicht überleben zu können, wenn du so bist. Wenn du dann deinem Partner begegnest, glaubst du, er sei das fehlende Stück, das dich vervollständigt. Nach dem Stadium der Verliebtheit projizierst du aber leider nicht deine Ideale auf ihn, sondern deine dunklen Selbstkonzepte. Genau aus diesem Grund hast du diese Aspekte deiner selbst abgespalten. Dort, wo du diesen Teil deines Bewusstseins abgespalten hast, hast du alle möglichen Warnschilder aufgestellt, wie etwa **Nicht betreten – Lebensgefahr!** oder **Betreten verboten – Dämonen!** Außerdem hast du Schattenfiguren, die dich von diesem Bereich deines Bewusstseins fernhalten. Hierbei handelt es sich nicht nur um eine Stufe des Widerstandes. Dein Ego sagt dir, dass dein Überleben davon abhängt, dass du dich nicht nur von diesem Teil deines Bewusstseins, sondern auch von deinem Partner fernhältst, der diesen abgespaltenen Teil repräsentiert. Wenn dein Bewusstsein gespalten ist, dann bleibt dein Ego stark und du bleibst schwach. Dieser Bereich wird zum Nährboden für Projektion, Zorn und Kampf. Deine Ganzheit kannst du jedoch nur zurückgewinnen, wenn du den Weg gehst, der zu deinem Partner führt. Dort hat Liebe über die Trennung gesiegt.

Indem du deinen Partner liebst und ihm vergibst, gewinnst du dein Herz zurück und machst deine Beziehung ganz. Du musst dein Herz zurückgewinnen, um du selbst sein zu können, statt Rollen auszuleben, um deine Lebensaufgabe zu leben, statt dich zu verstecken, und um deine Größe anzunehmen, statt in Kleinheit stecken zu bleiben. Deine weibliche Seite lässt dich den natürlichen Fluss des Erfolgs und die süße Freude der Nähe genießen. Wenn du dein Herz verloren hast, dann lebst du das Leben eines anderen. Ohne dein Herz kannst du deine wahre Richtung nicht erkennen. Du kannst zwar Geld und viele Dinge ansammeln, aber ohne dein Herz wirst du keine Freude daran haben können. Du wirst zu einem Papagei.

In der dissoziierten Unabhängigkeit fürchtest du dich vor Erfolg und Liebe, weil du Angst hast, deine Unabhängigkeit zu verlieren, die du fälschlicherweise mit Freiheit verbindest. Abhängigkeit, Unabhängigkeit oder Aufopferung weisen auf Rollen hin, die sich insgeheim vor Freiheit fürchten. Freiheit besitzt hingegen ein gleich großes Maß an Verbundenheit und Befreiung. Unabhängigkeit ist deine Reaktion auf Versklavung, hält dich aber insgeheim darin fest. Was ist die Erfahrung, nicht die natürliche Belohnung für deine Arbeit zu empfangen, anderes als Versklavung!

Das Opfer, der Rebell und der Märtyrer sind ein Brandungsrückstrom an Rollen, die ein altes Trauma verbergen, in dem du Unabhängigkeit anstelle von Verbundenheit gewählt hast. Diese drei Rollen erschaffen einander ständig neu, und der einzige Weg, um zur Partnerschaft zu gelangen, besteht darin, dass du dein Herz zurückgewinnst. Diese Partnerschaft ist die Verbundenheit, die mühelos Liebe und Erfolg schafft. Es ist die Heilung des alten Traumas, das diesen Rollen zugrunde liegt.

Sobald du deine weibliche Seite anerkennst, bringt sie das übertriebene, unwahre Männliche, das dich in Gefühlen von Leblosigkeit und Depression festhält, allmählich ins Gleichgewicht. Deine weibliche Seite erfrischt dich, denn durch sie kannst du mehr empfangen und genießen. Sie bringt dein Leben ins Gleichgewicht, indem sie über das Entweder-Oder von Dilemmas oder Dreiecksbeziehungen hinausgeht, und sie gibt dir die Möglichkeit, mehr von allem zu haben. Ohne dein Herz und deine weibliche Seite bist du zu einem Leben voller Anspannung, Geschäftigkeit und Leblosigkeit verbannt. Du akzeptierst Egostrategien wie Dreiecksbeziehungen, mehr Arbeit oder Rückzug, die deine Situation nur verschlimmern, während du in Wirklichkeit einfach deine weibliche Seite zu schätzen bräuchtest.

Eine schnelle Methode, das Weibliche zu heilen

Eine schnelle Methode, das Weibliche von ganzem Herzen anzunehmen, besteht darin, dich dem Gleichgewicht deiner männlichen und weiblichen Seite zu verpflichten, weil sie sehr oft nicht im Gleichgewicht sind. Wenn du dich beispielsweise fragst, wie groß das Gleichgewicht zwischen dem Männlichen und dem Weiblichen bei dir ist, dann erhältst du möglicherweise eine Zahl von 80 % : 20 %. Je größer das Problem in einer Beziehung, umso größer ist auch das Ungleichgewicht zwischen dem Männlichen und dem Weiblichen. Bei einem inneren Ungleichgewicht von 80 % : 20 % würde dies auch bedeuten, dass deine Beziehung in Schwierigkeiten ist und dass derjenige, der zu 80 % in der männlichen Position ist, sich gerade anschickt, die Tür der Beziehung hinter sich zuzuschlagen. Die 80 % sagen aus, dass derjenige, der diese Position innehat, weder in Bezug auf seine Beziehung noch in Bezug auf sein Leben empfangen oder genießen kann. Wenn du dich aber ungeachtet der Position, die du innehast, dem Weiblichen in dir selbst verpflichten würdest, dann kämen die Zahlen sowohl in dir selbst als auch in deiner Beziehung ins Gleichgewicht. Wenn du dich deiner weiblichen Seite verpflichten würdest, dann könnten die Zahlen sich von beispielsweise 80 % : 20 % zu 70 % : 30 % verändern. Verpflichte dich noch einmal, und du gelangst zu einem Gleichgewicht von 60 % : 40 % oder 50 % : 50 %. Verpflichte dich noch einmal, und du kannst zu einem Gleichgewicht von 60 % : 60 % oder 80 % : 80 % gelangen. Irgendwann langst du bei 100 % :100 % und schließlich einfach bei 100 % an, weil in diesem Stadium der Vision eine Integration des Männlichen und Weiblichen stattfindet. Wenn es dir gelingt, ständig auf der Stufe von 100 % zu bleiben, dann entwickelt sie sich auf natürliche Weise zum Stadium der Meisterschaft, die das höchste Stadium auf der Stufe der Partnerschaft ist, weiter. Es findet ein allmählicher Fortschritt von der Dualität des Stadiums der Vision hin zur Zentriertheit des Stadiums der Meisterschaft statt, durch den sowohl der Frieden als auch die Ernte wachsen.

Schritte zum Weiblichen

Es gibt noch einen anderen Weg, das Weibliche anzunehmen. Du kannst einen heilenden Schritt nach dem anderen durch die verschiedenen Stadien der Entwicklung hindurchgehen. Dies kann dir auch dann helfen, wenn dein Bewusstsein bereits weiter entwickelt ist, weil es immer Nischen gibt, die noch ungeheilt sind. Wenn du in diese Bereiche zurückkehrst und dich neu verbindest, dann erlangst du ein höheres Maß an Zuversicht und die Fähigkeit, auf einer höheren Stufe zu empfangen. Wir wollen zum grundlegendsten Schritt in unserer Entwicklung zurückkehren – zur Abhängigkeit, die das Stadium der Bedürfnisse ist. Sie tritt ein, nachdem wir die Verbundenheit verloren haben. Wir erfahren Verlust und Angst, die Bedürfnisse entstehen lassen, gleichzeitig aber auch ein gewisses Maß an mangelnder Bereitschaft, Widerstand und den Wunsch nach Unabhängigkeit verbergen.

Abhängigkeit – Das Stadium der Bedürfnisse

Bedürfnisse spiegeln verlorene Verbundenheit und ein gespaltenes Bewusstsein wider. Du willst, dass ein anderer Mensch dir etwas gibt, während deine verborgene, Widerstand leistende Seite gleichzeitig will, dass du auf eigenen Füßen stehst und es selber machst. Das führt dazu, dass du nimmst, statt zu empfangen. Empfangen erfüllt das Bedürfnis und stellt Liebe und Verbundenheit wieder her. Nehmen versucht, das Bedürfnis erfüllt zu bekommen, bleibt aber abgespalten und macht dein Ego stärker. Dies ist ein Konflikt, der dich am Weitergehen hindert, dich emotional feststecken lässt und dich in Richtung Machtkampf und Herzensbruch führt. Ein heilendes Gegenmittel für deine Bedürfnisse ist **Bereitschaft**. Sie führt dich auf eine Weise voran, die dich neu verbindet und deine Bedürfnisse erfüllt.

Nimm dir ein wenig Zeit, in der du die Bereitschaft findest, das wahre Weibliche haben zu wollen. Das durchschneidet sowohl die Angst vor dem Weiblichen als auch die Angst vor dem Empfangen, die zwei Aspekte desselben Problems sind. Bereitschaft lässt neuen Fluss entstehen, stellt gleichzeitig die Verbundenheit wieder her und bringt Mühelosigkeit, Einbeziehung und Erfolg zurück.

Frage dich dann:

Wenn ich wüsste, wann ich als Kind die größte Trennung oder den größten Verlust erfahren habe, war es dann vor, während oder nach meiner Geburt? ....

Wenn ich wüsste, wie alt ich damals war oder im wievielten

Monat im Mutterleib dies geschehen ist, dann war es vermutlich ....

Wenn ich wüsste, wer daran beteiligt war, dann war es vermutlich ....

Wenn ich wüsste, was geschehen ist, das diesen Verlust oder diese Trennung hat entstehen lassen, dann war es vermutlich ....

Wenn ich wüsste, wie dieser Verlust sich auf mein Leben ausgewirkt hat, dann war es vermutlich durch ....

Wenn ich wüsste, was ich bekommen wollte, indem ich dies habe geschehen lassen, dann war es vermutlich ....

Wenn diese Entscheidung, den Weg deines Egos zu gehen, dich nicht glücklich gemacht hat, dann kannst du dich nun an seiner Stelle für den Weg deines höheren Bewusstseins und seine Gaben entscheiden.

Wenn ich wüsste, welche Seelengabe ich für mich selbst und für alle Menschen mitgebracht habe, dann war es vermutlich ....

Wenn ich wüsste, welche Gabe der Himmel mir geben wollte, damit ich sie mit allen an dieser Situation beteiligten Menschen teile, dann war es vermutlich ....

Wenn du diese Gaben empfängst und mit den anderen Menschen teilst, wird die Vergangenheit vollständig transformiert. Dann kannst du die Energie dieses geheilten Ereignisses durch dein Leben in den gegenwärtigen Augenblick zurückbringen. Sollte dies nur teilweise funktionieren, gibt es noch weitere Gaben, die auf dich warten. Sollte es scheinbar gar nicht funktionieren, gibt es ein Ereignis, das eine noch tiefere Wurzel hat als das Ereignis, das du ausgewählt hast. Wenn du die Übung vollendet hast, wirst du ein höheres Maß an Glück, Unschuld und Ganzheit spüren.

Abhängigkeit – Das Stadium des Herzensbruchs

In diesem Stadium haben unsere Bedürfnisse dazu geführt, dass wir nehmen und eine Gewinner-Verlierer-Einstellung haben. Diese Einstellung wird früher oder später in Niederlage und Herzensbruch enden. Das **Annehmen** des Weiblichen ist in diesem Stadium besonders wichtig. Außerdem ist es wichtig, den Schmerz und die anderen Emotionen anzunehmen, die in diesem Stadium so weit verbreitet sind. Je mehr du sie annimmst, umso mehr wirst du über sie hinausgelangen. Nimm die Manipulation, das Benutzen und die emotionale Erpressung an, die zu dem Herzensbruch geführt haben und den Herzensbruch nun ihrerseits als Waffe benutzen, um zu kontrollieren und deine Bedürfnisse erfüllt zu bekommen.

Der nächste Aspekt des Annehmens ist die Entscheidung, **alle** deine negativen Emotionen anzunehmen. Dieser Aspekt besteht für gewöhnlich aus zwei Teilaspekten. Der erste Teilaspekt besteht darin, deine negativen Emotionen zu beobachten, ohne sie zu verurteilen, zu verdrängen oder verbergen zu wollen. Du kannst jede Verstimmung nutzen, um vergrabene Emotionen anzunehmen und über sie hinauszugelangen. Wenn du sie jetzt dissoziierst, dann ist das Problem damit nicht gelöst, auch wenn dein Ego dich das glauben machen will, sondern nur vergraben. Außerdem trennt es dich von deinem Herzen und dir selbst, und es stärkt das Ego auf deine Kosten. Damit du zur Partnerschaft gelangen kannst, musst du alle deine Ängste, Bedürfnisse, Verletzungen, Schuldgefühle und Misserfolge ans Licht bringen. Wenn du diese negativen Emotionen annimmst, dann führen sie dich durch eine Geburt nach der anderen hin zu Reife und Erfolg. Du gibst nicht mehr, um zu nehmen oder zu bekommen, und plünderst andere Menschen nicht mehr aus, damit sie deine Bedürfnisse erfüllen. Dieses Verhalten führt früher oder später zu Niederlage und Herzensbruch. Wenn du das Weibliche annimmst, dann öffnet es deine Augen für die Leugnung, die in diesem Stadium so oft geschieht, in dem Abhängigkeit als Liebe maskiert wird und in dem manipuliert und benutzt wird in dem Versuch, Bedürfnisse erfüllt zu bekommen.

Wenn du durch Selbstannahme deine Augen für das öffnest, was du tust, dann übernimmst du Verantwortung für dich selbst und deine Emotionen, und du erkennst, dass du immer dann, wenn du verletzt wurdest, zu nehmen versucht hast. Zu diesem Zeitpunkt hattest du deine Verbundenheit bereits verloren, und du hast versucht, deine Unabhängigkeit zu bewahren und deine Bedürfnisse dennoch erfüllt zu bekommen. Dadurch bleibt dir nur der Versuch, zu bekommen oder zu nehmen, was früher oder später dazu führt, dass du weggestoßen wirst, dich verletzt fühlst und an gebrochenem Herzen leidest. Das führt dich noch tiefer in die Rollentriarchie des Egos – bestehend aus Unabhängigkeit, Abhängigkeit und Aufopferung – hinein, weil es sie benutzt, um Traumata zuzudecken und sich selbst aufzubauen. Da dies ebenso unwirksam ist wie andere Abwehrstrategien, ruft es früher oder später noch mehr Trauma, Dissoziation und Leblosigkeit hervor.

Nimm schließlich auch an, wie sehr du in diesem Stadium geliebt hast und geliebt wurdest. Das Gefühl der Liebe kann so überwältigend sein, dass du von ihr berauscht bist. Es ist ganz natürlich, dass das Weibliche vor Liebe außer Rand und Band gerät. Viele Menschen haben als Kinder diese intensiven Gefühle der Liebe empfunden und Missgeschicke benutzt, um sie zu dämpfen, weil das Ego sich vor diesen Gefühlen der Liebe und der Freude fürchtet, denn sie lösen es auf. Annehmen bringt dir das süße Wiedererwachen des Verliebtseins zurück. Das Weibliche kann vor Liebe außer Rand und Band geraten, und deine Fähigkeit, diese Freude neu zu erfahren, erweitert dein Bewusstsein dort, wo es zuvor kontrahiert war.

Frage dich nun:

Wenn ich wüsste, wie alt ich war, als mein größter Herzensbruch geschehen ist, dann war es vermutlich im Alter von ....

Wenn ich wüsste, wer daran beteiligt war, dann war es vermutlich ....

Wenn ich wüsste, was geschehen ist, das diesen Herzensbruch in Gang gesetzt hat, dann war es vermutlich ....

Wenn ich wüsste, wie dieser Herzensbruch sich auf mein Leben ausgewirkt hat, dann war es vermutlich durch ....

Wenn ich wüsste, was ich bekommen wollte, indem ich zugelassen habe, dass dies geschieht, dann war es vermutlich ....

Wenn es dich nicht glücklich gemacht hat, dann kannst du dich nun stattdessen für den Weg deines höheren Bewusstseins entscheiden. Frage dich:

Wenn ich wüsste, welche Seelengabe ich nicht nur für mich selbst, sondern für alle Menschen mitgebracht habe, die an dieser Situation beteiligt waren, dann war es vermutlich ....

Wenn ich wüsste, welche Gabe der Himmel mir geben wollte, damit ich sie mit allen an dieser damaligen Situation beteiligten Menschen teile, dann war es vermutlich ....

Empfange diese Gaben, und teile sie mit allen Menschen, die an dieser Situation beteiligt waren. Bringe die geheilte Energie dann mit dir durch dein Leben zurück, bis du in der Gegenwart angekommen bist.

Alternativ – oder wann immer du es möchtest – kannst du auch die Übung der Lichtbrücke oder die Übung des Gebens von Gaben durchführen, wenn du bei dem ursprünglichen Trauma angekommen bist.

Abhängigkeit – Das Stadium von Schuld und Aufopferung

Das nächste Stadium ist das Stadium der Schuld, in dem du Selbstverurteilung, Selbstangriff und Versagen heilst. Der Aspekt, der dir hier eine Abkürzung zeigen kann, wenn es darum geht, das Weibliche anzunehmen, ist **Vergebung**. In dem Maße, in dem du deiner weiblichen Seite und allem Angriff von ihr und auf sie vergibst, entdeckst du, dass es sich bei Schuld und Aufopferung letztendlich um Aspekte des Selbstangriffs, der Selbstverurteilung und der Verdammung deiner weiblichen Seite handelt. In dem Maße, in dem du dich entwickelst, erkennst du, dass es sich bei Schuld, Aufopferung und Schuldzuweisung um Fehler handelt und dass du nur dann vorankommen kannst, wenn du anderen Menschen, Situationen und Gott vergibst. Das bedeutet, dass du den Menschen vergeben musst, die dich verletzt haben, weil diese Verletzungen sich sonst in das unechte Weibliche verwandeln. Zum Opfer gemacht zu werden war deine Form der Selbstbestrafung dafür, dass du darin versagt hast, deiner Familie zu helfen. Nur durch deine Verbundenheit, deine Gaben und die Gnade des Himmels kannst du aber deiner Familie wirklich helfen. Wenn du nicht verbunden bist, dann bleibt dir nur Aufopferung als Möglichkeit, deiner Familie zu helfen, und sie führt nur zu Burnout und einem noch höheren Maß an Unabhängigkeit. Aufopferung als eine Form des unwahren Weiblichen kann so abtötend wirken, dass du dich von deiner Familie und von deinen Beziehungen abwendest, um dem Burnout zu entkommen, und unabhängig wirst, um wieder zu Atem zu kommen.

Das wahre Weibliche ist verbunden und geht dadurch auf natürliche Weise eine Beziehung ein. Das unwahre Weibliche ist bedürftig, manipulativ, besitzergreifend und aufopfernd. All das ist selbstschädigend und führt zu dissoziierter Unabhängigkeit und zum unwahren Männlichen.

Frage dich:

Wenn ich wüsste, wann die größte Schuld meiner Kindheit entstanden ist, dann war es vermutlich im Alter von ....

Wenn ich wüsste, in welchem Jahr oder in welchem Monat im Mutterleib es war, dann war es vermutlich ....

Wenn ich wüsste, wer daran beteiligt war, dann war es vermutlich ....

Wenn ich wüsste, was geschehen ist, das diese Schuld und Aufopferung in Gang gesetzt hat, dann war es vermutlich ....

Wenn ich wüsste, wie diese Aufopferung sich auf mein Leben ausgewirkt hat, dann war es vermutlich durch ....

Wenn ich wüsste, was ich bekommen wollte, indem ich zugelassen habe, dass dies geschieht, dann war es vermutlich ....

Wenn es dich nicht glücklich gemacht hat, dann kannst du stattdessen den Weg deines höheren Bewusstseins und seiner Gaben gehen. Frage dich:

Wenn ich wüsste, welche Seelengabe ich für mich selbst und für alle Menschen mitgebracht habe, dann war es vermutlich ....

Wenn ich wüsste, welche Gabe der Himmel für mich hatte, damit ich sie mit allen an der Situation beteiligten Menschen teile, dann war es vermutlich ....

Unabhängigkeit – Das Stadium von Erwartungen und Festhalten

Auf der Stufe der Unabhängigkeit wird das Weibliche zunächst als schmerzlich und hysterisch und als der Auslöser für das erkannt, was dich gewöhnlich in Schwierigkeiten bringt. Deine Bereitschaft, das unwahre Weibliche anzunehmen und ihm zu vergeben, führt zum wahren Weiblichen und zu einem Gleichgewicht, das Fluss und die Fähigkeit zu empfangen einschließt. In dem Maße, in dem du das unwahre Weibliche loslässt, es mit dem unwahren Männlichen integrierst und dich ihm verpflichtest, wird es erlöst und rettet seinerseits das unwahre Männliche, indem es ein gänzlich neues Gleichgewicht entstehen lässt, das zur Partnerschaft führt.

Im Stadium der Erwartungen und des Festhaltens bist du normalerweise so sehr unabhängig, dass deine Beziehungen dadurch extrem strapaziert werden. Es ist das Stadium, in dem du die größte Unabhängigkeit in Beziehungen spürst, wobei es keine Rolle spielt, ob du keine, eine oder viele Beziehungen hast. Es gibt hier viele Schichten der Dissoziation, um Bedürfnisse, Angst, Verlust und Gefühle der Unzulänglichkeit zu verbergen. Deine Abwehrmechanismen zeigen sich als Unabhängigkeit, Getriebensein, Dissoziation, Erwartungen, Festhalten, Phantasien, Perfektionismus, Forderungen, zu viele Richtungen oder Aufgaben. Dies ist das unwahre Männliche, das du als Abwehr benutzt, um deine verletzte, bedürftige weibliche Seite zu verstecken. Wenn du keine Beziehung hast – manchmal allerdings auch dann, wenn du eine hast –, wirst du hier von Anhaftung an jemanden aus der Vergangenheit gequält.

Dieses Stadium ist in der Regel durch ein hohes Maß an Phantasievorstellungen von Verliebtheit, Sex und Erfolg geprägt. Phantasievorstellungen sind Bilder in deinem Verstand, die dir die falsche Botschaft vermitteln, dass du das, was du suchst, bereits gefunden hast, sodass du nicht zu empfangen brauchst. Es ist das Stadium, in dem du am stärksten dissoziiert bist und am wenigsten fühlen kannst. Tust du es doch einmal, dann sind es fast immer alte Gefühle von Verlust und Anhaftung an die Vergangenheit. Es ist erforderlich, dass du alle Dissoziation, allen Stress, alle Phantasievorstellungen und alles Festhalten in diesem Stadium loslässt und durch etwas ersetzt, das wahrer ist und besser funktioniert. Wenn du die Dissoziation oder den vermeintlichen Mangel an Gefühl spüren und darüber hinausgelangen könntest, dann würdest du entdecken, wie viel Angst und Verlust darunter verborgen liegen. Dann könntest du diese Angst, den Verlust und die Gefühle der Unzulänglichkeit fühlen, bis du wieder bei der Liebe und dem Gefühl von Verbundenheit angekommen bist. Das Fühlen deiner Gefühle ist das, wogegen du dich in diesem Stadium am stärksten wehrst. Es ist sehr wichtig, dass du alle Emotionen, die du erfährst, beobachtest und annimmst. Das bringt dich in den Fluss zurück. Dann kannst du deiner Erfahrung vergeben, bis du nur noch Liebe fühlst. Im Anschluss an die Vergebung praktiziere das **Loslassen** der Anhaftung an einen Menschen oder eine Sache. Loslassen ist in diesem Stadium das wichtigste Prinzip der Heilung.

Lasse alle Forderungen und Erwartungen an dich selbst und andere Menschen los. Setze dir Ziele und triff Entscheidungen, statt dich anzutreiben. Deine Dissoziation lässt klar erkennen, wie sehr du dein Verhaftetsein verteidigst und dich davor fürchtest, den damit verbundenen Schmerz und Verlust zu fühlen. In dem Maße, in dem du deine Verteidigung und das, was darunter liegt, loslässt, kommst du in Fluss, Verbundenheit und einem neuen Gleichgewicht zwischen dem Männlichen und Weiblichen voran, auch wenn du noch einen weiten Weg zu gehen hast, bevor dieser Prozess abgeschlossen ist.

Frage dich:

Wenn ich wüsste, wie alt ich war, als ich versucht habe, Gefühle von Bedürfnis, Verlust und Unzulänglichkeit durch Dissoziation und Kompensation zuzudecken, dann war es vermutlich im Alter von ....

Wenn ich wüsste, wer damals anwesend war und was geschehen ist, dann war es vermutlich ....

Stelle dir nun vor, dass die Abwehr der Dissoziation und Kompensation vollständig mit der Angst, dem Verlust, dem Bedürfnis und den Gefühlen des Verlassenseins und der Unzulänglichkeit verschmilzt, die darunter verborgen lagen. Spüre den Frieden und die Ganzheit, die sich einstellen, wenn diese Integration geschieht. Teile den Frieden mit allen Menschen, die an der Situation beteiligt waren.

Du kannst auch die Übung der Lichtbrücke abwechselnd mit oder anstelle dieser Übung durchführen.

Unabhängigkeit – Das Stadium der Kontrolle

Im nächsten Stadium zeigt sich die Dissoziation in Form von Kontrolle und „wie ich will". In Wirklichkeit ist dies eine Tarnung für deine Angst, wieder verletzt zu werden, die von den vielen alten Herzensbrüchen herrührt. Du kommst in dem Maße voran, in dem du dich dabei beobachtest, wie du kontrollierst, ohne dich dafür zu verurteilen. In dem Maße, in dem du bereit bist, deine Gefühle zu fühlen, läufst du nicht länger vor ihnen davon. Dein Ego kann dich nicht mehr so einfach zur Dissoziation überreden und dir weismachen, dass sie deine Rettung ist. Das, was du letztlich erfahren musst, um es zu heilen, kann Dissoziation bestenfalls hinauszögern.

Im Stadium der Kontrolle kompensierst du alte Herzensbrüche und Niederlagen, die du auf der Stufe der Abhängigkeit erlitten hast. Dies ist das klassische gespaltene Bewusstsein, und **Integration** ist die Antwort darauf. In diesem Stadium erkennst du, dass du dein Herz zurückgewinnen und dazu bereit sein musst, die Bedürfnisse, den Schmerz und auch die Schuld zu erfahren, die du dissoziiert hast. Diese Entscheidung bringt dich – insbesondere durch Kommunikation – wiederum zur Partnerschaft voran. Dadurch wird dein gespaltenes Bewusstsein zu neuer Ganzheit vereinigt. Es ist an der Zeit, die beiden Seiten deiner Machtkämpfe mit anderen Menschen zu integrieren, die dein Ego als Verteidigungsstrategie benutzt, um dich aufzuhalten, denn die Menschen, mit denen du kämpfst, sind ein Spiegel für die verborgene Seite deines gespaltenen Bewusstseins. Integration ist in diesem Stadium das hilfreichste Werkzeug, weil sie die Abwehr und das, was diese in Form von Angst und Verletzungen verbirgt, miteinander verschmilzt.

Wenn du es wüsstest, wie alt warst du dann, als du angefangen hast, Angst und Herzensbruch durch Kontrolle zu kompensieren? Stelle dir vor, dass du zu diesem Ort zurückkehrst. Integriere den Herzensbruch und die Kontrolle, indem du sie zu ihrem reinen Licht und ihrer reinen Energie verschmilzt und dann miteinander vereinst. Teile die Ganzheit mit den Menschen, die an der Situation beteiligt waren.

Auch hier kannst du die Übung der Lichtbrücke entweder alternativ zu oder in Verbindung mit der Integrationsübung durchführen.

Unabhängigkeit – Das Stadium der toten Zone

Das letzte Stadium, das es zu heilen gilt, um zur Partnerschaft zu gelangen, ist die tote Zone mit ihren Gefühlen von Versagen, Feststecken, Wertlosigkeit, Geschäftigkeit, Stress und Rückzug. In der toten Zone versuchst du, die verlorene Verbundenheit in deiner Familie mit ihrem gesamten Ausmaß an Schuld, Versagen, ödipalen Problemen, Konkurrenz und Angst vor Partnerschaft zu dissoziieren. Sie birgt die Unabhängigkeit, Verschmelzung, Aufopferung und Unwürdigkeit, die der Mangel an Verbundenheit mit sich bringt. Sie ist von Rückzug, Rollen und Regeln geprägt, die zu einem Mangel an Erfolg und Nähe führen. Das Ego hat alle seine Verteidigungsmechanismen an dieser Stelle zusammengezogen, um sicherzustellen, dass du das Stadium der Partnerschaft nicht erreichst. Dazu zählen auch eine Reihe seiner besten Verschwörungen, wie etwa die Familienverschwörung, die ödipale Verschwörung oder die Verschwörungen der Schuld, des Versagens, des Selbstangriffs und der Aufopferung. Sie alle stellen eine Investition in dein Ego und somit in Angst und Schuld dar.

Auch durch dieses entsetzliche Stadium kannst du mühelos hindurchgelangen, indem du dich dem Weiblichen verpflichtest und es von ganzem Herzen annimmst. Es bringt dich durch alle Abwehrmechanismen der Schwere und der Leblosigkeit hindurch, die das Ego in diesem Stadium benutzt, um dich aufzuhalten. Bereitschaft, Annehmen, Vergebung, Loslassen, Integration und Verpflichtung helfen dir, das Weibliche zu heilen und in ein Gleichgewicht mit dem Männlichen zu bringen, aber der Schlüssel in diesem Stadium ist **Verpflichtung**. Verpflichte dich also der Gleichheit, der Wahrheit, deinem Partner, dem nächsten Schritt und dem Weiblichen. Sie alle helfen dir in gleichem Maße, den Sprung in die Partnerschaft zu schaffen. In dem Maße, in dem du deine weibliche Seite von ganzem Herzen annimmst, werden das Männliche und das Weibliche in ein Gleichgewicht gebracht. Das verletzte Weibliche wird erlöst und kann seinerseits das übertriebene Männliche erlösen. Wenn du zur Partnerschaft gelangst, dann wird dein jetziger Partner sich **in aller Freundschaft** von dir lossagen, wenn er nicht dein wahrer Partner für das nächste Stadium ist, oder, wenn er dein wahrer Partner ist, gemeinsam mit dir auf die neue Stufe der Partnerschaft springen, dankbar für den Beitrag, den du geleistet hast.

Frage dich:

Wenn ich wüsste, wie alt ich war, als ich angefangen habe, mich vor Verpflichtung zu fürchten, dann war es vermutlich im Alter von ....

Wenn ich wüsste, wer damals anwesend war und was geschehen ist, dann war es vermutlich ....

Wenn ich wüsste, zu wie viel Prozent ich mich damals preisgegeben habe, dann waren es vermutlich ....

Du kannst das, was du preisgegeben hast, wieder willkommen heißen. Integriere den Teil, der sich vor Partnerschaft fürchtet, mit dem Teil, der sie will. Verpflichte dich der Ganzheit, dem Weiblichen und der Partnerschaft.

Denke daran, dass es im Stadium der toten Zone eine Reihe wichtiger Schritte zu bewältigen gibt. Statt dich darin zu verfangen, kannst du dich dem Weiblichen immer wieder neu verpflichten und so relativ mühelos hindurchgelangen.

Du kannst auch die Übung der Lichtbrücke durchführen. Heiße dein Herz wieder willkommen und verpflichte dich allen Menschen und allen Dingen in dieser Situation, bis alle zusammenarbeiten.

Sollte dies nicht in vollem Umfang geschehen, gibt es noch immer Angst oder ein Urteil über das Weibliche, das du noch nicht von ganzem Herzen angenommen hast. Dein Ego will natürlich weder Partnerschaft noch die Fähigkeit zu empfangen. Es will nicht, dass du dir selbst viele Jahre ersparst, weil das Ego das Element der Trennung und Verzögerung ist. Du kannst zur Partnerschaft gelangen, wenn du dich nicht davor fürchtest, das zu haben, was du haben willst. Nimm deine weibliche Seite von ganzem Herzen an. Ohne sie fehlt es dir an Herz, Gefühl und der Fähigkeit, zu empfangen und zu genießen. Ohne diese Elemente gibt es keine Liebe.

Du kannst über dieses Stadium hinaus und zu höheren Stufen der Partnerschaft gelangen, indem du das Weibliche immer mehr annimmst. In dem Maße, in dem das Bewusstsein vom Beginn der Partnerschaft an wächst, wird es in zunehmendem Maße weiblicher. In dem Maße, in dem du dich entwickelst und glücklicher wirst, gelangst du auf höhere Stufen des Gleichgewichts. Letzten Endes wird das Männliche aber in das Weibliche eingeordnet, und es geht nur noch darum, wie viel wir empfangen können. Dies ist das Bewusstsein im Stadium der Meisterschaft.

Obwohl ich mit großer Entschlossenheit und Hingabe an meinem Weiterkommen gearbeitet habe, habe ich annähernd fünf Jahre gebraucht, um durch jedes Stadium hindurchzugelangen. Mit der heutigen Erweiterung des Bewusstseins und mit Hilfe der Abkürzungen, die ich hier vorgestellt habe, kannst du dir buchstäblich Jahrzehnte des Wachstums sparen. Ich selbst bin Schritt für Schritt gegangen und erkenne daher die Abkürzungen, die es gibt. Finde jeden Ort, an dem du Beziehungen abgeschrieben hast, und lasse ihn los. Du kannst eine Lektion auch dann lernen und erfolgreich sein, wenn du Beziehungen nicht abschreibst, denn das würde nur dein Ego aufbauen. Lass alles los, was in deiner Beziehung negativ ist und woran du trotzdem festhältst, denn selbst wenn es negativ ist, muss es eine gewisse Anhaftung geben, die will, dass es so ist. In dem Maße, in dem du die verborgene Anhaftung loslässt, wird sie durch Fluss und die Fähigkeit zu empfangen ersetzt.

Das Ende ist zugleich der Anfang

Unabhängig davon, ob deine Beziehung wahr ist oder nicht, bist du nun an einem Ende angelangt. Vielleicht ist es das Ende eines Kapitels in deiner jetzigen Beziehung, und du stehst kurz davor, ein ganz neues Kapitel aufzuschlagen, das ein höheres Maß an Partnerschaft mit sich bringen wird. Vielleicht stehst du aber auch kurz davor, ein ganz neues Kapitel in deinem Leben aufzuschlagen. Wenn du ungeachtet des Endes deiner jetzigen Beziehung alle Übungen in diesem Buch durchgeführt hast, dann bist du für einen Neuanfang mit einem neuen Partner und ein ganz neues, besseres Leben gerüstet.

Es lohnt sich immer, für eine Beziehung und nicht in ihr zu kämpfen. Jeder Ärger in deiner Beziehung zeigt dir, was es zu heilen gilt. Wenn du Heilung erreicht und die Lektion gelernt hast, wird dein Partner sich ändern. Wenn du deinem Partner näher gekommen bist, werden dein Urteil über ihn und dein verborgenes Selbsturteil geheilt, sodass eine Neugeburt möglich wird.

Wenn ich auf die vielen Beziehungen zurückblicke, die ich beendet habe, dann erkenne ich alle Lektionen, die ich nicht gelernt habe. Ich ging in jeder Beziehung so weit, wie mein Können es mir erlaubte, hätte aber noch viel weiter gehen können. Ich blicke zurück und sehe so vieles, was ich hätte empfangen können und nicht empfangen habe. Es gibt so vieles, was ich nicht genießen konnte, weil meine Dissoziation mich daran gehindert hat. Ich sehe alle meine Fehler, die zu gebrochenen Herzen geführt haben. Ich erkenne die falschen Entscheidungen und geheimen Absprachen, die ich auf jedem Schritt des Weges getroffen habe. Doch ich habe nie aufgegeben. Ich bin immer weitergegangen, und ich kann sagen, dass es sich gelohnt hat.

Wenn ich auf mein Leben zurückblicke, dann sehe ich, dass Beziehungslektionen die wichtigsten Lektionen sind, die es zu lernen gilt, wenn es darum geht, glücklich und erfolgreich zu sein. Um deiner selbst willen bitte ich dich eindringlich, diese Lektionen zu lernen. Nur deine Beziehung zu dir selbst und zum Himmel ist von noch größerer Bedeutung als deine Beziehung zu deinem Partner. Du kannst lernen, glücklich zu sein, indem du deine Beziehung als Indikator benutzt. Dann kannst du auch lernen, wie du mit Hilfe deiner Beziehung den Himmel auf Erden erschaffen kannst. Um deiner selbst und der Menschen willen, die du liebst, solltest du dein Leben damit verbringen, diese Lektionen zu lernen. Verpflichte dich ihnen jetzt. Die wahre Liebe erwartet dich.

Ich wünsche dir die wahre Liebe und das Beste von allem, was das Leben dir zu bieten hat.

Weitere Bücher aus dem Verlag Via Nova:

Karten der Partnerschaft
Liebe in Partnerschaft und Beziehungen
Chuck Spezzano

90 künstlerisch gestaltete, farbige Karten mit Begleitbuch,
ISBN 978-3-86616-090-3

Die Karten der Partnerschaft wollen dazu beitragen, eine Beziehung auch dann lebendig zu erhalten, wenn die Phase der ersten Verliebtheit vorbei ist, und sie wollen dem Paar, das sie befragt, dabei helfen, erfolgreich alle Hindernisse und Klippen zu umschiffen, die jede Beziehung überwinden muss, um auf lange Sicht glücklich und erfolgreich sein zu können. Wie schon bei den Karten des Lebens hat die Künstlerin Petra Kühne auch hier wieder zu jedem Thema der insgesamt 90 Karten ein vollendetes kleines Kunstwerk geschaffen. Ein Begleitbuch erläutert die Bedeutung jeder Karte, zeigt Prinzipien auf, die verstehen helfen, was eine Beziehung voranbringt und was sie zurückhält, und macht Vorschläge für mögliche Befragungen. Die Karten der Partnerschaft sind eine wirklich gelungene Fortsetzung der bereits vor einigen Jahren bei Via Nova erschienenen Karten der Liebe und knüpfen nahtlos an deren großen Erfolg an.

Was Männer von Frauen über Sexualität lernen können
Chuck Spezzano

Taschenbuch, 96 Seiten, ISBN 978-3-86616-107-8

„Alles, was ich über erfüllte Beziehungen weiß, habe ich von meiner Frau gelernt." Der Beziehungsexperte Chuck Spezzano zeigt in diesem Buch, dass zu einer erfüllten Sexualität weit mehr gehört als nur Sex. Männer denken und fühlen anders als Frauen, auch im Hinblick auf Sex, und das ist oft der Auslöser für Missverständnisse, Streitigkeiten und Gefühle des Unglücklichseins. In seiner lockeren und einmalig humorvollen Art gelingt es Chuck Spezzano wieder einmal, sowohl Männern als auch Frauen einen tiefen und vor allem befreienden und heilenden Zugang zu einem Bereich zu ermöglichen, der insbesondere in der heutigen Zeit von einem hohen Maß an Missdeutung, Verdrängung oder Übertreibung gekennzeichnet ist. Die klare Sprache des Autors nimmt den Leser mit und macht deutlich, dass es gar nicht so schwer ist, ein glückliches und vor allen Dingen erfülltes Sexualleben zu verwirklichen.

Wenn es verletzt, ist es keine Liebe
52 Beziehungskarten für jede Woche mit Begleitbüchlein
Chuck Spezzano

ISBN 978-3-86616-057-6

Die Beziehungskarten können helfen, die wichtigsten Prinzipien und Lebensweisheiten über glückliche Beziehungen aus dem Bestseller „Wenn es verletzt, ist es keine Liebe" so zu verinnerlichen, dass sie im Alltag als konkrete Lebenshilfe angewandt und verwirklicht werden können. Es kann eine Karte intuitiv gezogen oder auch bewusst ausgewählt werden, auf der dann ein wichtiges Prinzip der Beziehungskunst steht, das einen eine ganze Woche lang begleiten kann. Die Karte kann man sichtbar an einem Ort aufstellen, der ständig im Gesichtsfeld ist – Schreibtisch, Küchenschrank, Spiegel im Bad, so dass diese Beziehungsweisheit immer wieder bewusst wird, bis sie als Herzenserkenntnis zu Eigen geworden ist.

50 Wege, die wahre Liebe zu finden
Chuck Spezzano

Hardcover, 208 Seiten, ISBN 978-3-936486-10-0

Dieses Buch richtet sich an diejenigen, die auf der Suche nach ihrem wahren Partner sind. Aber auch an all jene, die ihren Partner bereits gefunden haben und Unterstützung auf dem eigenen Beziehungsweg suchen. Der Autor macht deutlich, dass es nicht damit getan ist, den richtigen Partner zu finden, es bedarf auch des Wunsches, mit diesem Partner zusammen glücklich zu werden. „Wenn du deinen Partner gefunden hast, geht die Reise erst richtig los!", so Chuck Spezzano. Aufgrund der universalen Gültigkeit der vorgestellten Beziehungs-Prinzipien lassen sich diese auch auf andere Lebensbereiche übertragen. Ob der Leser einen neuen Arbeitsplatz oder Unterstützung beim nächsten Schritt in seinem Leben sucht oder ob er sich allgemein mehr Erfolg, Glück und Gesundheit wünscht – immer wieder kann er dieses Buch zur Hand nehmen.

Die tieferen Dimensionen des Erfolgs
Erfolgs-Serie Band 2
Chuck Spezzano

Hardcover, 280 Seiten, ISBN 978-3-86616-034-7

„Die tieferen Dimensionen des Erfolgs" ist der zweite Band und ein wichtiger Bestandteil der Reihe „Erfolg kommt von innen". Das Buch zeigt auf, dass die Erfahrung von Erfolg nicht nur ein äußeres Phänomen ist, sondern vielmehr im Herzen und im Bewusstsein stattfindet. Es untersucht noch eingehender und tiefgreifender, auf welche Weise das Herz und das Bewusstsein sich miteinander verbinden, um Erfolg herbeizuführen. Es enthält weitergehende Erfolgsprinzipien und offenbart weitere Fallen und mögliche Wege zu deren Lösung. Es zeigt den Weg auf, der mit Hilfe innerer Erfolgsprinzipien voranführt, und taucht zu diesem Zweck auch in die unterbewussten und unbewussten Bereiche des Bewusstseins ein, um das aufzulösen, was uns an der Zuversicht hindert, ein immer höheres Maß an Erfolg in allen Bereichen unseres Lebens haben zu können. Es enthält neue Geschichten, Beispiele, Prinzipien und Methoden.

Die Angst ist ein seltsamer Vogel
Wie wir Ängste und Blockaden spielerisch überwinden können
Matt Galan Abend

Hardcover, 144 Seiten, 10 Zeichnungen,
ISBN 978-3-86616-106-1

Noch nie war das menschliche Leben so angstbesetzt wie heute: Existenzangst, Versagensangst, Angst um den Arbeitsplatz, Angst vor Verarmung, dem Alter, vor Krankheit, dem Alleinsein usw. usw. Für den Autor lautet die alles entscheidende Frage: Habe ich Angst – oder hat die Angst mich? Wer hat wen? Wer geht mit wem um? Matt Galan Abend entlarvt zunächst die Angst als Software unseres Unterbewusstseins, beschreibt Ursachen und Hindernisse, weshalb die Angst so bedrohlich ist und unüberwindbar scheint. Er lehrt, wie man sich von der Angst trennen und die Identifikationen mit ihr auflösen kann. Der Autor personifiziert die Angst in diesem Buch mit der Figur des seltsamen Vogels und zeigt darüber hinaus einen Weg, wie wir Ängste und Blockaden auch aus unserer unbegrenzten, geistigen Ebene heraus heilen können.

Liebe als Erfüllung aller Wünsche
Eine praktische Liebestherapie
Jürg Theiler

Paperback, 256 Seiten, ISBN 978-3-86616-110-8

Die Menschen sehnen sich nach Liebe, einer dauerhaften Liebesbeziehung, und setzen oft ihre ganze Energie ein, sie zu verwirklichen, weil sie dadurch Glück und Erfüllung erwarten.Warum gelingen aber solche Beziehungen häufig nicht oder zerbrechen wieder nach kurzer Zeit? Der Tiefenpsychologe Jürg Theiler ergründet in diesem Buch die psychischen Ursachen für Gelingen und Misslingen von Liebesbeziehungen, auch an Beispielen. Er erklärt, wie die in der Evolution des Lebens entwickelten Gehirnteile in der Psyche des Menschen unterschiedliche Bedürfnisse und Wünsche erzeugen, die einander oft widerstreiten, sich aber auch gegenseitig ergänzen und zusammen der Erhaltung und Weiterentwicklung des Lebens dienen und nur durch die Liebe in Einklang gebracht werden können. Durch eine bestimmte Fragetechnik und 36 „Ein-Sichten" kann der Leser seine psychische Ausgangslage und den Weg erkennen, wie er mit seinem Partner, seiner Partnerin seine Wünsche nach Liebe erfüllen kann.

Medizin für die Seele
Lebens- und Seelenkräfte im Alltag mobilisieren
Prof. Franz Decker

Paperback, 224 Seiten, 32 Grafiken, ISBN 978-3-86616-115-3

Für viele Menschen ist es heute sehr schwierig, den Herausforderungen des Alltags in unserer komplexen, schnelllebigen Welt gerecht zu werden, das eigene Leben selbstverantwortlich zu gestalten und sinnvoll und erfüllt zu leben. Prof. Franz Decker zeigt in seinem Buch diese Probleme auf, aber auch Möglichkeiten, die „Überlebenskräfte", die unerschöpflichen Kraftquellen der Seele und des Geistes, zu wecken und zu entwickeln, um in seelischem Gleichgewicht, mit Freude, Gelassenheit, Mut und Zuversicht das Leben zu bestehen. Das Buch erwuchs aus eigener Erfahrung und basiert auf den neuesten Erkenntnissen, dass durch eine entsprechende Neuorientierung und Seelenprogrammierung ein erfülltes und ausgeglichenes Leben möglich ist. Beispiele veranschaulichen und überzeugen. Es bietet sehr einprägsam ein Programm zur Förderung der Lebens- und Seelenkräfte im Alltag sowie Übungen zur Entspannung, Besinnung, Meditation, mentalen Lebensänderung und emotionalen Stabilisierung.des Arbeitsplatzes ausgelöst wurde. Dieses Buch wird zu einem Ratgeber, Lehrer und weisen Freund werden, der dem Leser jederzeit hilfreich zur Seite steht.